क्षमा करो,
सुखी रहो

प्रकाशक :
गीता पब्लिशिंग हाऊस
साधू वासवानी मिशन
10, साधू वासवानी पथ,
पुणे – 411001, (भारत).
gph@sadhuvaswani.org

Second Edition

ISBN: 978-93-80743-86-8

मुद्रक :
Repro Knowledgecast Limited, Thane

क्षमा करो,

सुखी रहो

एक अनूठी किताब,

जो दर्शाए क्षमादान की अपार शक्ति।

जे. पी. वासवानी

अनुवादिका

श्रीमती मोहिनी गुलियानी

गीता पब्लिशिंग हाऊस

पुणे, भारत

www.dadavaswanisbooks.org

दादा जे.पी.वासवानी की अन्य हिंदी पुस्तकें

विषय-सूची

क्रोध से क्रोध समाप्त नहीं होता

अमेरिकन कांग्रेस के सदन में चल रही एक बहस के दौरान, एक सदस्य, J.P. Benjamin ने, दूसरे सदस्य W.H. Seward के बारे में कुछ कठोर शब्द कहे। काफी लम्बी बहस चली। उसके बाद गुस्से तथा कड़वाहट से भरा, Benjamin अपनी सीट पर आ बैठा और अपने विरोधी से जवाबी हमले का इन्तज़ार करने लगा।

वहाँ पर उपस्थित सब लोग यह देखकर हैरान रह गए कि W. H. Seward अपने विरोधी के पास गया और मीठे शब्दों में बोला, "Benjamin, मुझे एक सिगार देना, जब आपका यह भाषण छपे तो कृपया मुझे उसकी दो प्रतियाँ भेज देना।"

बाद में लोगों ने देखा कि Seward अपने साथियों से हँसी-मज़ाक कर रहा था। अपने विरोधी से ली गई सिगार के कश ले रहा था।

क्रोध के द्वारा क्रोध का अंत नहीं होता, बल्कि क्षमा द्वारा होता है। क्रोध की सब से प्रभावकारी दवा शायद क्षमा ही है। जो लोग हमारे साथ मित्रतापूर्ण व्यवहार नहीं करते, उनके साथ हमें क्षमा तथा मेल-मिलाप का व्यवहार करना चाहिए। मेल-मिलाप दोनों तरफ से होता है, जिसके लिए किसी से ज़बरदस्ती नहीं की जा सकती। मैं किसी को क्षमा कर सकता हूँ, पर किसी से ज़बरदस्ती नहीं कर सकता कि बदले में वह भी मुझे क्षमा करे।

क्षमा की परिभाषा इस तरह बनाई गई है, "किसी के प्रति नाराज़गी की भावना को समाप्त करने की प्रक्रिया या उसकी भूल को माफ़ कर देना।" अपनी नाराज़गियों से चिपके रहने का अर्थ है स्वयं को हानि पहुँचाना।

जो आदमी क्रोध या नाराज़गी को मन में रखता है वह अनजाने में आंतरिक रूप से अपना ही नुकसान करता है। जो मनुष्य क्षमा करता है, वह शांति भरे नवजीवन की ओर कदम बढ़ाता है। क्षमा करना अपने आप में एक इनाम है। जिसको क्षमा किया जाता है, उसकी अपेक्षा क्षमा करने वाला ज़्यादा फ़ायदे में रहता है।

क्षमाशीलता जादू का काम करती है। यह हमारी कई समस्याओं को झट से सुलझा देती है।

मनुष्य जितना क्षमाशील होगा, वह उतना ही महान होगा। सभी महान स्त्री-पुरुष क्षमाशील रहे हैं। फिर भी क्षमाशीलता केवल महान लोगों का एकाधिकार नहीं है। सरल व नम्र लोगों ने भी इसे बड़े उच्च स्तर तक निभाया है।

एक घर में एक आदमी अपनी दस साल की बेटी के साथ रहता था। एक दिन कुछ लुटेरों ने उन पर हमला कर दिया। उस हाथापाई में पिता मारा गया। लड़की Melania बच गई। लुटेरों ने उसकी आँखें निकालकर उसे अंधा कर दिया। दस साल के बाद वह लड़की सड़क के किनारे बैठी थी कि उसे किसी के कदमों की आहट तथा कुछ आवाज़ें सुनाई दीं। वह डर गई और चिल्लाकर बोली, "कौन है? ध्यान से निकलना, क्योंकि मैं अन्धी हूँ।"

उन लुटेरों में से एक बोला, "मैं जानता हूँ, क्योंकि मैंने ही तुम्हारे

पिता की हत्या की थी और तुम्हें अन्धा बना दिया था। अभी-अभी मैं एक राहगीर को लूटना चाहता था कि उसने मुझे गोली मार दी। मैं अब कुछ ही क्षणों का मेहमान हूँ और मैं तुमसे क्षमा की भीख माँगता हूँ।"

Melania क्रोध के मारे काँप उठी, किंतु उसने अपने आप को संभाला और उस अपराधी को क्षमा करके उसे पश्चात्ताप करने का अवसर दिया। थोड़ी देर बाद उस अपराधी ने अपने प्राण त्याग दिए। एक स्नेहमयी पुत्री की तरह वह लड़की टटोलकर उस आदमी की आँखों तक पहुँची और उन्हें धीरे से बन्द कर दिया।

Louis XVI का पुत्र, French Dauphin एक कठोर जेलर की जेल में था, जो उसके साथ बड़ा क्रूर व्यवहार करता था। Dauphin का अपराध केवल इतना था कि वह एक राजा का पुत्र था।

एक दिन जेलर ने राजकुमार से पूछा, "अगर तुम्हें राजगद्दी फिर से मिल जाए और तुम फ्रांस के राजा बन जाओ तो तुम मुझ से कैसा बर्ताव करोगे? क्या मुझे फाँसी पर चढ़ा दोगे?"

बेचारे अनाथ राजकुमार ने जवाब दिया, "मैं तुम्हें क्षमा कर दूँगा।"

हम क्षमा की भावना के बिना जीवन की कल्पना भी नहीं कर सकते। किसी ने सच कहा है कि जिसने कभी अपने शत्रु को क्षमा नहीं किया, उसने उत्कृष्ट जीवन के सुख को नहीं चखा। समय के रहते हमें एक दूसरे को क्षमा कर देना चाहिए क्योंकि एक समय ऐसा आएगा कि क्षमा करने का मौका हम से छीन लिया जाएगा।

उन्नीसवीं शताब्दी में दो महान लेखक हो गए हैं। एक थे Thackeray और दूसरे Dickens दोनों एक दूसरे के घोर विरोधी थे। 1883 की क्रिसमस से ठीक पहले वे लंदन में मिले, पर जानबूझकर एक दूसरे से

अजनबी बने रहे। अचानक Thackeray मुड़कर वापिस आया, और Dickens का हाथ पकड़कर बोला कि उन दोनों के बीच की अमित्रता अब वह सहन नहीं कर सकता। Dickens भी द्रवित हो उठा और जब वे अलग हुए तो दोनों मुस्कुरा रहे थे। पुराना द्वेष समाप्त हो चुका था।

उसके बाद शीघ्र ही Thackeray का देहान्त हो गया। Dickens को इस बात से कितनी राहत मिली होगी कि एक-दो दिन पहले ही उन्होंने कितने प्रेम से एक दूसरे से हाथ मिलाया था। क्षमा माँगने या देने के मामले में हमें देर नहीं करनी चाहिए। शायद उसके बाद हमें मौका न मिले।

Josh Medowell ने कितना अच्छा कहा है, "अगर मैं किसी को क्षमा करने से इनकार करता हूँ, तो मानो, मैं उसी पुल को जला रहा हूँ जिससे एक दिन मुझे गुज़रने की ज़रूरत पड़ेगी।"

अतिभोग करने से किसी भी नकारात्मक भावना की तृप्ति नहीं होती। उसकी भूख बढ़ती जाती है, यहाँ तक कि वह हमें भी खा लेती है। बदले की भावना का भी यही हाल है। हम जितना इस के बारे में सोचेंगे, उतना ही हम घृणा, क्रोध और हिंसा में डूबते जाएँगे।

एक बार महात्मा बुद्ध ने देखा कि उनके भिक्षुओं के बीच झगड़ा शुरू हो गया है। उनकी दुश्मनी इतनी बढ़ गई थी कि आपस में मेल–मिलाप करना मुश्किल हो रहा था। एक कहानी द्वारा बुद्ध ने उनका दिमाग ठिकाने लगाया।

उन्होंने कहा, "ब्रह्मदत्त, बनारस का राजा था। उसने अपने पड़ोसी राज्य कौशल को जीत लिया। उसके बाद, अपने जीते हुए राज्य को अपने वश में दृढ़ता से रखने के लिए, वहाँ के राजा दीर्घेती और उसकी रानी

की हत्या करने की सोचने लगा। दीर्घेती को इस बात का पता चल गया और वह अपनी रानी सहित वहाँ से चुपचाप भाग गया। अपने एक वफादार कुंभार के छोटे से घर में राजा और रानी भेस बदलकर रहने लगे।

कुछ समय बाद उनका एक बेटा हुआ। उसका नाम 'दीर्घायु' रखा गया जिसे वे बड़े लाड़-प्यार से पालने लगे। जब वह सोलह साल का हुआ तो उसे शिक्षा प्राप्त करने के लिए गुरुकुल भेजा गया।

पुत्र के जाने के बाद एक दिन एक नाई ने दीर्घेती व उसकी रानी को देखा और उन्हें पहचान लिया और यह भेद ब्रह्मदत्त के आगे जाकर खोल दिया। ब्रह्मदत्त अपने पुराने दुश्मन को समाप्त करना चाहता था। उसने राजा-रानी की हत्या करने का आदेश दे दिया।

उनकी मौत का तमाशा देखने के लिए बनारस में बहुत से लोग एकत्रित हो गए। उन लोगों में दीर्घायु भी था और उसे यह जानकर बड़ा धक्का लगा कि उसके माता-पिता की हत्या होने जा रही थी। दीर्घेती ने देख लिया कि उनका बेटा भीड़ को चीरता हुआ उनकी तरफ आ रहा है। उसने ऊँचे स्वर में चेतावनी देते हुए कहा, "मेरे बेटे! न लम्बा देखो, न छोटा या कम देखो नफरत से नफरत नहीं मिटती, नफरत मिटती है केवल प्रेम से!"

दीर्घायु अपने पिता के शब्दों का महत्त्व समझ गया और वहीं रुक गया। ब्रह्मदत्त समझ गया कि उस भीड़ में कहीं दीर्घेती का पुत्र है, लेकिन उसे ढूँढ़ पाना कठिन था। अपने बेटे की आँखों के सामने राजा दीर्घेती और उसकी पत्नी को फाँसी पर चढ़ा दिया गया। दु:ख और पीड़ा से दीर्घायु पूरी तरह टूट गया।

समय पंख लगाकर उड़ गया। दीर्घायु अब एक कुशल महावत बन

चुका था और उसने राजसी हाथी-अस्तबल में नौकरी कर ली। अपने खाली समय में वह बाँसुरी बजाता था। एक दिन राजा ने उसकी बाँसुरी सुनी तो उस पर मोहित हो गया और उसने नवयुवक से मिलने की इच्छा प्रकट की। उसने पाया कि बाँसुरीवादक एक सुन्दर, गुणी और शालीन नवयुवक था। उसी वक्त राजा ने उसे अपना खास साथी और सलाहकार नियुक्त कर लिया। राजा जहाँ भी जाता, उसे साथ लेकर जाता।

ब्रह्मदत्त को बिल्कुल खबर नहीं थी कि जिस नौजवान पर उसे इतना स्नेह और विश्वास था, वह उसी राजा का बेटा था जिसको उसने क्रूरतापूर्वक मारने का आदेश दिया था। न ही वह यह जानता था कि दीर्घायु असल में सही मौके की तलाश में था कि कब वह उसे मारकर अपने माता-पिता की हत्या का बदला ले।

और एक दिन वह चिर-प्रतीक्षित मौका भी आ पहुँचा। एक दिन जंगल में शिकार खेलते हुए, ब्रह्मदत्त और दीर्घायु काफी आगे निकल गए और अपने साथियों से बिछुड़ गए। उस समय दीर्घायु राजा के रथ को चला रहा था और जैसे ही उन्हें पता चला कि वे दूसरों से अलग हो गए हैं, वे वहीं रुक गए और रथ से नीचे उतरे। उस समय काफी गर्मी थी और राजा थका हुआ था। दीर्घायु ने उससे विनती की, कि वह उसकी गोद में सिर रखकर सो जाए। राजा ने बिना झिझक या सोच-विचार के ऐसा ही किया क्योंकि उसे युवक पर पूरा-पूरा भरोसा था।

जल्दी ही, राजा गहरी नींद में सो गया। दीर्घायु ने सोचा कि यही वह मौका है, जिसकी वह अब तक प्रतीक्षा कर रहा था। आसपास कोई न था और राजा पूरी तरह से उसके वश में था। उसने म्यान से अपनी

तलवार निकाली, लेकिन तभी उसके मन में पिता के शब्द गूँज उठे और उसने तलवार एक तरफ रख दी।

उसी समय एक भयानक सपना देखने के कारण राजा की नींद खुल गई। उसे सपना आया कि जिस राजा-रानी को उसने मरवाया था, उनका पुत्र तलवार हाथ में लिए, उसे मारकर बदला लेना चाहता है।

राजा का वह भयानक सपना सुनकर दीर्घायु ने फिर से अपनी तलवार खींच ली और बोला,"वह कोई मामूली सपना नहीं था, यह तुम्हारे लिए चेतावनी थी। राजा के जिस पुत्र को तुमने सपने में देखा, वह मैं ही हूँ और अपने माता-पिता की हत्या का बदला लेने के लिए मैं तुम्हारी हत्या करूँगा।" राजा ने उस नवयुवक के हाथ पकड़ लिए और गिड़गिड़ाकर बोला, "कृपा करके मुझे जीवन-दान दे दो। मेरी जान बख्श दो। मुझे मत मारो।"

दीर्घायु बोला,"अब तुम्हें मेरी असलियत का पता चल चुका है कि मैं कौशल के सिंहासन का असली हकदार हूँ। अब तुम मुझे नहीं छोड़ोगे। अगर मैंने तुम्हें नहीं मारा, तो तुम मुझे मार डालोगे।" इस पर राजा ने कहा,"चलो हम एक दूसरे को न मारने का समझौता कर लेते हैं। इस भय, नफरत और बदले की भावना के दुष्चक्र को हमेशा के लिए समाप्त कर देते हैं।"

इस तरह उन दोनों ने जीवन भर के लिए एक दूसरे के प्रति वफ़ादारी और दोस्ती की प्रतिज्ञा ली।

उसके बाद राजा ने दीर्घायु से उसके पिता के अंतिम रहस्यपूर्ण निर्देश का मतलब पूछा।

दीर्घायु ने बताया, "लम्बा न देखो। इसका मतलब है कि अपने मन

में नफरत को लम्बे समय तक न रहने दो। छोटा या कम न देखो। इस का मतलब है कि जल्दी में कोई काम न करो। अगर मैंने जल्दबाज़ी की होती तो तुम्हें मार डाला होता और जल्द ही तुम्हारे संरक्षकों द्वारा पकड़ा जाता और वे मुझे भी मार देते। फिर मेरे मित्र तथा रिश्तेदार बदला लेने के लिए तुम्हारे परिवार के पीछे पड़ जाते और इस तरह नफरत का यह सिलसिला चलता रहता।

अब हम दोनों ने एक दूसरे को क्षमा कर दिया है, इसलिए भय से मुक्त हैं। हिंसा का कुचक्र टूट चुका है।"

कहानी को यहाँ समाप्त करते हुए महात्मा बुद्ध ने अपने शिष्यों को समझाया कि नफरत से, और नफरत पनपती है, जबकि प्रेम और क्षमाशीलता से नफरत पर विजय पाकर हम शान्ति फैला सकते हैं।

हम क्षमा क्यों करें?

जाने-माने मनोवैज्ञानिक Dr. Richard Johnson ने क्षमाशीलता के कुछ लाभ बताए हैं जो इस प्रकार हैं:-

- सब से पहला लाभ तो यह है कि इससे हमारी आध्यात्मिक उन्नति को बढ़ावा मिलता है-जो उन्नति कभी किसी को क्षमा न करने की भावना से रुक जाती है। क्षमाशीलता हमें नाराज़गी और दोषारोपण के भार से मुक्त करती है और हमें अपनी आध्यात्मिक ऊर्जा को किसी सृजनात्मक काम में लगाने में सहायता करती है।

- दूसरा, क्षमाशीलता हमारे भीतर जीवन शक्ति, ऊर्जा तथा उत्साह बनाए रखती है।

- तीसरा, इससे हमारे जीवन में शान्ति और ताल-मेल बना रहता है।

- चौथा, क्षमाशीलता से हम भरपूर जीवन जीते हैं। हमारी आत्मा स्थिर (एकाग्र) रहती है, दिल हल्का रहता है और मन शिकवे-शिकायतों से मुक्त रहता है।

नाराज़गी तथा क्रोध विनाशकारी भावनाएँ हैं। ये हमें अन्दर ही अन्दर नुकसान पहुँचाती हैं और जब उस नुकसान के चिह्न बाहर प्रकट होते हैं तो असहनीय होते हैं, जैसे-ठीक से नींद न आना, दिल पर दुःख का भारी बोझ महसूस करना और बेचैन कर देने वाला जबर्दस्त सिर दर्द।

Emerson ने ठीक ही लिखा है, "हर एक मिनट जो आप क्रोध

करते हैं तो आप साठ सैकेंड की मन की शान्ति खो देते हैं।"

क्षमाशीलता ऐसे कष्ट से छुटकारा व राहत दिलाने का वायदा करती है।

क्षमाशीलता कई बार वर्षों की दुश्मनी और द्वेष को समाप्त करके दोस्ती और मेल-मिलाप का अवसर देती है।

किशोर और कमला भाई-बहन थे। बचपन में वे आपस में बड़े प्यार से रहते थे। परन्तु शादी के बाद उनके बीच दूरियाँ बढ़ने लगीं। किशोर की पत्नी कमला, उसकी माँ का सम्मान बिल्कुल नहीं करती थी और कमला इस बात से बहुत नाराज़ थी कि किशोर इस बारे में अपनी पत्नी से कुछ नहीं कहता। यह नाराज़गी धीरे-धीरे इतनी बढ़ गई कि भाई-बहन की आपस में बातचीत बन्द हो गई। एक दिन अपने डाक के डिब्बे में किशोर का एक पत्र पाकर कमला हैरान हो गई। एक ही शहर में रहते हुए, उन्हें एक दूसरे से बात किए छ: साल हो गए थे। पत्र में किशोर ने लिखा था कि उसकी पत्नी को जुड़वाँ बच्चे होने वाले हैं और वह और उसकी पत्नी चाहते हैं कि बच्चे पैदा होने पर कमला उन्हें आकर देखे और उन्हें आशीर्वाद दे। उसने अपनी लम्बी चुप्पी पर अफ़सोस और ग्लानि प्रकट की और बाद में लिखा, हमें अपने किए पर अफ़सोस है, जिसकी वजह से हमारा अपनी प्यारी बहन से मन-मुटाव हो गया।

कमला ने जैसे ही पत्र पढ़ा, क्रोध से फट पड़ी, "उन्होंने हमारे साथ बहुत ही बुरा व्यवहार किया है और अब बहन की याद आई है।"

उसने जवाब में एक पत्र में अपने मन की सारी भड़ास निकाल दी। उसने विस्तार से उनकी ख़ामियों और गलतियों के बारे में लिखा

16

और साथ ही साथ यह भी लिखा कि इन सब के कारण उसे कितनी तकलीफ पहुँची है।

पत्र लगभग छ: पृष्ठ का था। वह उसे लिफ़ाफ़े में डालने ही वाली थी कि फोन की घंटी बज उठी। उसके पुत्र के स्कूल से फोन था जिसमें P.T.A. की एक ज़रूरी मीटिंग के लिए उसे तुरंत आने को कहा। वह चली गई।

कई घंटों के बाद जब वह वापिस आई तो मेज़ पर वह पत्र पड़ा था। उसने अपने लिखे पत्र को दोबारा पढ़ा। अपनी द्वेष और शत्रुता की भावना से वह भयभीत हो गई।

उसे विचार आया,"मैं इतनी झगड़ालू और स्वार्थी कैसे हो गई? शायद मैं दुनिया की सब से कठोर-हृदय स्त्री हूँ। और सोचा जाए तो किशोर की ही सारी गलती नहीं है....."क्षमाशीलता और करुणा की भावना से उसकी आँखें नम हो गई।

अगले दिन उसने किशोर को फोन किया और कहा,"तुम से बात करते हुए मुझे बड़ी खुशी हो रही है। तुम दोनों से मैं जल्दी से जल्दी मिलना चाहती हूँ और मुझे गर्व है कि मैं जुड़वाँ बच्चों की बुआ बनने वाली हूँ।"

कमला को लगा कि क्षमा भाव ने उसे कई बुरे विचारों से मुक्त कर दिया है।

क्षमाशीलता आपके काम के वातावरण को मैत्रीपूर्ण और सामान्य बनाती है। किसी भी संस्था या संगठन के हित में काम करने वाले हर व्यक्ति का स्वभाव अलग होता है। जहाँ कुछ लोग मिलकर काम करते हैं, वहाँ आपसी मन-मुटाव तो होना ही है। गलतफ़हमियाँ और झगड़े भी

उठ खड़े होंगे। मनुष्य का स्वभाव ही ऐसा है। जब ऐसी बातें दिलों में दुर्भावना बनकर बैठ जाएँ तो कार्य-क्षेत्र का वातावरण खराब हो जाता है। और दूसरी तरफ अगर नाराज़गियों और गिले-शिकवों को माफ करके भुला दिया जाए तो लोग मिल-जुलकर काम कर सकते हैं।

जो सम्बंध हमारे लिए महत्त्वपूर्ण हैं, क्षमाशीलता के द्वारा हम उन सम्बंधों को कायम रखकर उनका आनन्द उठा सकते हैं। अगर हमारे जीवन में कुछ ऐसे सम्बंध हैं, जिन्हें तोड़ना ही पड़ता है या जो टूटने ही वाले हैं तो क्षमाशीलता से ऐसे सम्बंध प्यार-प्रीत से समाप्त हो जाते हैं और हम स्वतन्त्र होकर आगे बढ़ते हैं।

John Stuart Mill एक महान दार्शनिक था, Thomas Carlyle एक प्रसिद्ध लेखक था। दोनों में गहरी दोस्ती थी। उन दिनों Carlyle अपनी महान रचना The French Revolution लिख रहे थे। Mill यह जानने को बहुत उत्सुक था कि उसके मित्र ने क्या लिखा है, इसीलिए उसने मित्र से उसकी पांडुलिपि (manuscript) माँग ली।

Carlyle ने खुशी से अपनी पांडुलिपि दे दी और साथ ही उसमें कुछ सुधार करने की सलाह देने को भी कहा।

कुछ दिन बाद Mill उतरा हुआ चेहरा लिए Carlyle के पास पहुँचा। लेखक उसे अपनी स्टडी में ले गया और देखा कि Mill काँप रहा था। उसने स्नेह से पूछा, "Mill क्या बात है?"

घबराहट से हकलाते हुए Mill ने कहा,"मित्र, समझ में नहीं आता कि कैसे कहूँ। मुझे बहुत दु:ख है कि मेरे घर की एक लापरवाह नौकरानी ने तुम्हारी पांडुलिपि को कचरे मे फेंक दिया। मुझे कहते हुए भी डर लग रहा है कि उसके अब कुछ फटे टुकड़े ही शेष बचे हैं। इस की भरपाई

मैं कैसे कर पाऊँगा? इतनी बड़ी गलती के लिए मैं हृदय से क्षमा माँगता हूँ।". . . . इससे आगे वह कुछ नहीं बोल पाया।

सुनकर Carlyle नि:शब्द रह गया। फिर संभला और मित्र से बोला, "John बैठ जाओ। जो होना था, सो हो गया। कृपया तुम अपने आप को दोषी मत ठहराओ।"

एक लंबी, ठंडी साँस लेकर Mill एक आराम कुर्सी में धँस गया। वह अफसोस और आत्म-ग्लानि से इतना विचलित था कि अपने मित्र से आधी रात तक बातें करता रहा। केवल इसी तरीके से उसे अपने दु:ख से राहत मिल रही थी।

आखिरकार जब वह जाने के लिए उठा तो Carlyle ने अपने मित्र के कंधे पर हाथ रखकर कहा, "इस बात को इस तरह से देखते हैं, मानो एक अध्यापक ने अपने एक शिष्य को एक साधारण से निबंध को सुधार कर बेहतर तरीके से, फिर से लिखने को कहा हो।"

Carlyle जानता था कि क्षमाशीलता के द्वारा एक अमूल्य मित्रता को किस तरह बरकरार रखा जाता है।

Carlyle ने देखा कि उसके मित्र को कुछ राहत मिल गई थी। उसे जाते हुए देखकर उसने अपनी पत्नी के सामने स्वीकारा,"मैं तुम्हें बता नहीं सकता कि इस दुर्घटना से मुझे कितना दु:ख पहुँचा है। लेकिन इसका मैं John को पता भी नहीं लगने देना चाहता था।"

क्षमाशीलता हमारे जीवन में सुख और शान्ति लाती है, खुशी लाती है। हमारे भीतर के संघर्ष का अन्त करती है और हमें सहनशक्ति, सद्बुद्धि और धीरज से जीवन का सामना करना सिखाती है।

कुरुक्षेत्र का भयानक युद्ध समाप्त हुआ ही था। लगभग सारे कौरव

मारे जा चुके थे। विजयी पांडव श्रीकृष्ण के साथ बैठे अपनी महत्त्वपूर्ण, और किसी हद तक दुःखद, विजय के परिणामों के बारे में चर्चा कर रहे थे।

पांडव और उनके पुत्र, दो अलग-अलग तम्बुओं में रहे हुए थे। श्रीकृष्ण ने उन्हें सलाह दी कि उस रात के लिए वे अपने-अपने तम्बू एक दूसरे से बदल लें।

श्रीकृष्ण की यह सलाह भविष्यवाणी सिद्ध हुई। उस रात, द्रोणाचार्य का पुत्र और दुर्योधन का मित्र, अश्वत्थामा अपने पिता व मित्र की मृत्यु का बदला लेने के उद्देश्य से चुपके से पांडवों के तम्बू में घुसा। पांडवों का तम्बू जानकर उसने द्रौपदी के निरपराध पुत्रों की हत्या कर दी।

जब माँ ने इस घोर अपराध के बारे में सुना तो उसके दुःख और क्रोध की सीमा न थी।

अर्जुन ने अश्वत्थामा को ढूँढ़ निकाला। एक ही बार में उसे हराकर अपने वश में किया और उस पराजित योद्धा को अपनी अधीर पत्नी के सामने घसीटकर ले गया।

एक क्षण के लिए द्रौपदी की आँसू-भरी आँखों में हत्यारी घृणा चमकी-पर केवल क्षण भर के लिए।

जल्दी ही वह संभल गई। ऐसा लगता था कि उसके सब आँसू समाप्त हो गए हैं। उसने धीरे से अर्जुन से कहा, "आर्यपुत्र! इसकी हत्या मत करो, इसे छोड़ दो। मैं नहीं चाहती कि एक और माँ अपने बच्चे की मृत्यु का शोक सहे।"

एक दुःख से सताई हुई माँ द्रौपदी ने, अपने भीतर की बदले की भावना और क्षमाशीलता के संघर्ष का अन्त कर दिया।

क्षमा हमें अपराध-बोध तथा आत्म-ग्लानि की भावना से मुक्त करती है। क्षमा हमें इस तुच्छ भावना से भी मुक्त करती है कि दूसरे लोग हमारी भावनाओं से खिलवाड़ कर रहे हैं और हमारी वृत्तियों पर शासन कर रहे हैं।

एक स्कूल में अध्यापकों की मीटिंग हुई। परीक्षा में बच्चों के कार्य में कैसे सुधार आए, इस के बारे में हेडमास्टर ने अध्यापकों से सुझाव माँगे।

एक उत्साही गणित के युवा अध्यापक ने कहा, "मेरे विचार से यह घोषणा करनी चाहिए कि जो छात्र 85% से ऊपर अंक प्राप्त करेंगे, उन्हें परीक्षा की फीस वापिस कर दी जाएगी।"

इस सुझाव पर बड़ी गर्मा-गर्म प्रतिक्रिया हुई। वरिष्ठ अध्यापकों ने इसे 'बेतुका', 'मूर्खतापूर्ण' और 'अव्यावहारिक' बताया।

लेकिन उस युवा अध्यापक ने बुरा नहीं माना। उसने मुस्कुराकर कहा, "मुझे अफसोस है कि मेरे सुझाव की व्यावहारिकता की तरफ़ आपने ध्यान नहीं दिया। ज़रा सोचें कि अच्छे अंक प्राप्त करके अपने पैसे वापिस लेना छात्रों के लिए कितना प्रेरणादायक होगा।"

उस युवा अध्यापक के उत्साह से हेडमास्टर इतना प्रभावित हुआ कि उसने इस सुझाव को लागू करने का फैसला कर लिया। अगर वह युवक अध्यापक अपने सुझाव पर विरोधी टिप्पणियाँ सुनकर उदास हो जाता और चर्चा में अपना मत न प्रकट करने का फैसला कर लेता तो स्थिति कितनी अलग होती!

जब आप अपनी प्रतिक्रियाओं के लिए दूसरों को दोषी ठहराते हैं, जब आप अपनी भावनाओं के लिए उन्हें ज़िम्मेदार समझते हैं, तो आप

अपने जीवन पर अपना अधिकार छोड़ देते हैं। आप दूसरों को यह अधिकार सौंप देते हैं और स्वयं एक निष्क्रिय पात्र बनकर रह जाते हैं।

दूसरों को अपनी भाावनाओं पर शासन न करने दें। जब आप इस बात को समझेंगे कि अपनी भावनाओं के आप स्वयं मालिक हैं, जब आप अपने अनुभवों की जिम्मेदारी लेंगे, तो आपकी प्रतिक्रिया अलग तरीके की होगी। आप नकारात्मक भावनाओं पर काबू पाना सीख लेंगे और निराशाओं से टूटे बिना तथा दुःखी हुए बिना उनसे अलग होना सीख लेंगे। उनसे किनारा कर लेंगे।

क्षमाशीलता से हम अपने अन्दर छिपी अच्छाई, प्रेम और करुणा को पहचानते हैं और हमारा आत्म-सम्मान बढ़ता है।

क्षमाशीलता हमें भावनात्मक संघर्ष से मुक्त करके, स्वयं से तथा दूसरों के साथ शान्ति से जीने के योग्य बनाती है।

संक्षेप में, क्षमाशीलता हमें अधिक शान्ति प्रिय, अर्थपूर्ण और सृजनात्मक बनाकर हमारा जीवन बदल देती है।

क्षमा करने के लिए हमारे पास एक बहुत ही तर्कपूर्ण और व्यावहारिक कारण भी है। जब हमारे दिल को कोई चोट पहुँचाता है या कोई हमारे साथ बुरा व्यवहार करता है, तो हमारे सामने दो रास्ते हैं या तो उससे बदला लिया जाए या माफ़ करके उसे भुला दिया जाए। अगर हम बदला लेने का फैसला करेंगे, तो हम हमेशा कुढ़ते रहेंगे और दिल जलता रहेगा। बदला लेकर भी खुशी नहीं मिलती। इसके बाद मन में खालीपन और कड़वाहट भर जाती है। क्या कभी किसी को क्रोध से संतुष्टि मिली है? लेकिन क्षमा कर देना व्यावहारिक है। इससे सारी अप्रिय बातों का अंत हो जाता है और हम शान्तिपूर्ण जीवन बिताते हैं।

एक चीनी कहावत के अनुसार, जो बदला लेना चाहता है, उसे दो कब्रें खोदनी चाहिए।

कभी माफ़ न करने की वृत्ति बड़ी भयंकर होती है। यह आघात करने वाले, और जिस पर आघात होता है, दोनों को हानि पहुँचाती है। दूसरी तरफ़ क्षमाशीलता शान्ति और प्रसन्नता की कुंजी है।

क्षमाशीलता क्या है?

क्षमाशीलता को परिभाषित करना कोई सरल काम नहीं है। क्षमा वह पुल है, जिसे हम सब को अपने जीवन में कभी न कभी पार करने की ज़रूरत पड़ती है। क्षमा करना एक ऐसा कार्य है, जिसे हमें अपनी इच्छा से और जान-बूझकर करना है। क्षमा संसार के प्रति अपनी प्रतिक्रिया व्यक्त करने वाली करुणा और समझ की एक वृत्ति है। क्षमा केवल एक क्रिया नहीं-बल्कि एक ऐसी क्रमिक प्रकिया है, जिससे हमारे भीतर सहनशीलता तथा अंगीकार करने की भावना का विकास होता है। क्षमा कोई घटनाओं की शृंखला नहीं है-यह तो एक जीवन-शैली है, जिसे हम खुद चुनते हैं। क्षमा का मतलब है-संयम और आत्म-अनुशासन जिसके द्वारा हम अपनी तुच्छ वृत्तियों को छोड़कर, मन को शुद्ध करके, ऊँचे उठते हैं। सबसे बढ़कर, क्षमा के द्वारा हम अपने अन्दर छिपी दिव्यता को उभारकर बाहरी आचरण में ला सकते हैं।

क्षमा करना हमेशा आसान नहीं होता। कोई माता-पिता अपने बच्चों के हत्यारों को कैसे क्षमा कर सकते हैं? माताएँ अपनी पुत्रियों से बलात्कार करने वालों को कैसे क्षमा कर सकती हैं? जिन लोगों के निरपराध और निहत्थे परिवारजनों और मित्रों की हत्या कर दी गई हो, वे हत्यारों को कैसे क्षमा कर सकते हैं?

सबसे पहले मैं ये मानता हूँ कि यह आसान नहीं। पर दूसरा विकल्प ये है कि हम भी उन हत्यारों, क्रूर लोगों की तरह वहशी बन जाएँ। क्षमा

24

हमें नफरत की बेड़ियों से मुक्त करती है और हमें अतीत की पीड़ा, ग्लानि और दीनता से मुक्त करती है।

क्या क्षमाशीलता की कोई सीमा नहीं? क्या क्षमा करने का मतलब यह नहीं हो जाएगा कि हम गलत व्यवहार को माफ़ करके उसे नज़र-अंदाज़ कर रहे हैं? क्या यह अनैतिक और गलत न होगा?

लेखक और कवि C.S Lewis का तर्क है कि माफ़ करना न्याय संगत से ऊँचा है। कई बार ऐसी बातें भी माफ़ कर दी जाती हैं, जो माफ़ करने योग्य बिल्कुल नहीं होतीं। यह माफ़ करने से परे की बात है। जब हम किसी को माफ़ करते हैं, तो उसकी गलतियों को एक तरफ रख देते हैं। लेखक कहता है, "अगर किसी की कोई गलती न होती, तो माफ़ करने का सवाल ही नहीं था।"

अगर द्वेष दूर न भी हो सके तो भी क्षमाशीलता का अपना महत्त्वपूर्ण स्थान है। George Macdonald लिखते हैं, "किसी को क्षमा करने से इनकार करना, किसी की हत्या करने से भी कहीं ज़्यादा बुरा है। हत्या करने के समय तो एक क्षण के लिए मनुष्य का दिमाग गर्म हो जाता है और उसी क्षण वह हत्या कर बैठता है। लेकिन क्षमा न करने का फैसला तो ठंडे दिमाग से लिया जाता है।"

क्षमाशीलता के लिए मानसिक संघर्ष की ज़रूरत नहीं-हमें यह मानना चाहिए कि यह तो हमें मिला एक महान उपहार और आशीर्वाद है। यह हमारा अपना फैसला है कि हम प्यार करें या घृणा, किसी को दंड दें या माफ़ कर दें, किसी को राहत पहुँचाएँ या चोट। जब हम क्षमा करते हैं तब कड़वाहट के आगे घुटने टेकने की बजाय, हम शान्ति और मेल-मिलाप का रास्ता अपनाते हैं। Martin Luther King. Jr. के शब्दों

में, "क्षमाशीलता कभी-कभी करने वाला कर्म नहीं है। यह तो सदा रहने वाली वृत्ति है।"

क्षमाशीलता, न्याय से ऊपर है। न्याय दंड देता है, क्षमा मिलाप व मेल-जोल कराती है। Shakespeare ने कितना सुन्दर कहा है:–तुम न्याय की प्रार्थना करते हो, पर ज़रा सोचो न्याय के दौर में, किसी को भी मुक्ति नहीं मिलेगी।

हम दया के लिए प्रार्थना करते हैं और वही प्रार्थना हमें सिखाती है कि हम भी दूसरों पर दया करें।

क्षमा केवल साधु-संतों के लिए नहीं होती। कई बार हमें ऐसे लोग मिलते हैं, कि जब उन्हें क्षमा करने और भुलाने के लिए कहा जाता है तो गुस्से से लाल-पीले होकर कहते हैं, "मैं एक इंसान हूँ, कोई साधु महात्मा नहीं।"

बहुत से लोग सोचते हैं कि हम किसी को क्षमा नहीं कर सकते, क्षमा करना इतना कठिन है कि यह केवल संत महात्मा ही कर सकते हैं, हम जैसे साधारण मनुष्य नहीं।

क्षमाशीलता कोई अलौकिक शक्ति का कमाल नहीं है। यह तो अतीत को हमेशा के लिए पीछे छोड़ देने का मार्ग है। ये तो आगे बढ़ने की राह है, यह तो चीज़ों को अलग तरीके से देखने का, जीवन को नए दृष्टिकोण से देखने का रास्ता है। इस बात को समझना है कि हम जीवन भर कड़वाहट और क्रोध में नहीं रह सकते।

क्षमाशीलता श्रेष्ठ गुण है। इस संबंध में एक कहानी है। एक धनी वृद्ध ने अपनी सारी सम्पत्ति अपने पुत्रों में बराबर-बराबर बाँट दी। लेकिन पुरखों से मिली एक कीमती अँगूठी अपने पास रख ली। उसने अपने

बेटों से कहा कि वे सब यात्रा पर निकलें और दुनियाँ का अनुभव प्राप्त करें। एक दिन जब वे सब वापिस लौटेंगे, फिर जिसने सब से ज्यादा भलाई का काम किया होगा, उसे वह अँगूठी मिलेगी।

नियत दिन को सभी बेटे वापिस आकर इकट्ठे हुए। हर एक से उसके द्वारा किए गए शुभ कार्य के बारे में बताने को कहा गया। पहला बेटा बोला, "एक अमीर साहूकार ने अपना सारा धन मुझे, कहीं व्यापार में पूंजी लगाने के तौर पर दे दिया। मैं चाहता तो सारा धन अपने पास रख सकता था। किन्तु मैंने ईमानदारी से ब्याज सहित उसकी पाई-पाई लौटा दी।" पिता बोला, "तुमने बहुत अच्छा किया, लेकिन तुमने वही किया जो तुम्हें करना चाहिए था।"

दूसरा बेटा बोला, "एक दिन मैं समुद्र के किनारे जा रहा था। मैंने देखा एक छोटा-सा बच्चा समुद्र में डूबने ही वाला है। मैंने अपनी जान की बाज़ी लगाई और, तूफानी लहरों में जाकर बच्चे को बचाकर ले आया।"

पिता ने कहा, "तुमने बहादुरी का काम किया –लेकिन इतना बड़ा भी नहीं कि तुम्हें हीरे की अँगूठी मिले।"

अब सब से छोटे बेटे की बारी थी। उसने बताया, "पहाड़ पर मैं अपनी भेड़ें चरा रहा था कि मैंने देखा कि मेरा जानी दुश्मन वहाँ एक चट्टान के किनारे ठोकर खाकर गिर गया। भयभीत होकर वह चट्टान के किनारे लटक रहा था। मैं दौड़कर वहाँ गया और उसे बचा लिया।"

पिता ने कहा, "मुझे तुम पर गर्व है। बुराई के बदले में भलाई करना सबसे भला काम है। तुम्हीं इस अँगूठी के हकदार हो।"

क्षमाशीलता स्वेच्छा का काम है

क्षमाशीलता अपनी इच्छा से किया गया कार्य है। यह ज़बरदस्ती या किसी दबाव में आकर नहीं हो सकता।

दो महिलाएँ एक संस्था में काम करती थीं, दफ्तर में एक नया Computer आने पर दोनों में इस बात पर कहा-सुनी हो गई कि उसे कौन इस्तेमाल करेगा। बहस बढ़ते-बढ़ते गर्मा-गर्मी हो गई और फिर अच्छा खासा झगड़ा हो गया और उनकी आपस में बोल-चाल बन्द हो गई। इस बात से उनके अफ़सर को बहुत बुरा लगा। इस प्रकार से पूरे काम पर बुरा असर पड़ने का डर था। उसने दोनों महिलाओं को अपने दफ्तर में कॉफी पीने के लिए बुलाया और सोचा कि शायद दोनों महिलाएँ आमने-सामने बैठकर आपस में समझौता कर लें।

दोनों महिलाएँ दफ्तर में आईं और तनकर बैठ गईं, दोनों ने एक दूसरे को अनदेखा कर दिया। उस अफ़सर ने कहना शुरू किया कि वे पुरानी बात को भुलाकर, आपसी मत-भेद मिटा दें। उन दोनों के लिए ज़रूरी है कि वे टीम के सभी सदस्यों में मैत्री-भाव रखें। संस्था के लिए भी यह बहुत ज़रूरी है सब मिल-जुलकर काम करें और आपस में सद्व्यवहार रखें।

जो महिला उम्र में दूसरी महिला से छोटी थी, उसे समझ में आ रहा था कि अफसर का कहना सही था, जल्दी ही वह सौम्य हो उठी और उसकी बातों पर सिर हिलाकर उसका समर्थन करने लगी।

बीच-बीच में "सच है", "आपकी बात समझ गई","इस बात से मैं सहमत हूँ इत्यादि वाक्य बोलने लगी। बीच-बीच में वह मुस्कुराकर मैत्री भाव से अपनी सहकर्मी की ओर भी देखने लगी।

लेकिन बड़ी उम्र वाली महिला वैसी ही कठोर व तनी हुई बैठी रही। वह न मुस्कुराई, न कुछ बोली, बस अपने अफसर की तरफ घूरती रही। उस पर अफसर की बातों का ज़रा भी असर न हुआ।

अपनी बात पूरी करने के बाद अफसर ने दोनों महिलाओं की तरफ़ देखते हुए पूछा, "अब आपका क्या कहना है?"

छोटी उम्र वाली महिला बोली, "सर, आप बिल्कुल ठीक कहते हैं। मुझे अफसोस है कि उस समय मैं तैश में आ गई। मैं विश्वास दिलाती हूँ कि ऐसा फिर कभी नहीं होगा। अपनी तरफ से मैं पूरी कोशिश करूँगी कि किसी कारण से भी संस्था के काम में अड़चन न आए।"

इसके बाद अपनी सहकर्मी की तरफ हाथ बढ़ाते हुए, उससे बोली, "Barbara कृपया मुझे क्षमा कर दो। मुझे अफसोस है कि लैपटाप जैसी मामूली-सी चीज़ के लिए मैं तुमसे उलझ पड़ी।"

बड़ी महिला ने बढ़े हुए हाथ को नज़र-अंदाज़ किया, और दूसरी महिला की तरफ देखा तक नहीं, बल्कि अपने अफसर को कठोरता से देखते हुए बोली, "क्षमा करें, किसी के कहने पर मैं अपनी मान्यताओं से समझौता नहीं कर सकती। मैंने कोई गलती नहीं की है और जिसके साथ मेरी बनती नहीं, उसके साथ मैं कोई संबंध नहीं रखना चाहती। यह मेरा निजी मामला है और मेरे निजी मामले में आपको सलाह देने का कोई हक नहीं बनता।"

क्षमाशीलता का मतलब है लचीलापन। अपनी ज़िद पर अड़े रहने की बजाए बदलते हालात के साथ बदलना चाहिए।

अपने आप को तथा दूसरों को निष्पक्ष भाव से परखने के लिए परिपक्वता और अक़लमंदी की आवश्यकता होती है। हमारा अहंकार कहता है कि हम कभी गलती नहीं कर सकते और गलती सदा दूसरों की होती है। हमें इस अहंकार पर विजय पाने की हिम्मत होनी चाहिए।

क्षमाशीलता समझदारी और करुणा की वृत्ति है, जिसके द्वारा हम संसार के प्रति अपनी प्रतिक्रिया का फैसला करते हैं। तब हम ऐसा नहीं सोचते कि दूसरे लोग कठोर और असभ्य हैं, या उदासीन और स्वार्थी हैं। हम उनकी कमज़ोरियाँ, उनके डर और असुरक्षा की भावना को समझने की कोशिश करते हैं, जिनके कारण वे ऐसा व्यवहार करते हैं, जो हमें चोट पहुँचाते हैं।

एक तरह से हम सब के भीतर एक डरा हुआ, उलझा हुआ, दुःखी बच्चा है जो कभी-कभी गुस्से से फट पड़ता है। ये बड़ों के भीतर भी छिपा रहता है जो कभी-कभी वश से बाहर हो जाता है। ऐसे समय में हमारी पहली प्रतिक्रिया होती है, "तुम्हारी हिम्मत कैसे हुई . . . . ." या "तुम यह कैसे . . . . ." इत्यादि, लेकिन जब हमें उस व्यक्ति की समस्या समझ में आती है तो हमें उसके व्यक्तित्व के भीतर झाँकने का मौका मिलता है और हम उसे समझ पाते हैं। फिर उसके प्रति हमारी धारणा तथा भाव बदल जाते हैं और फिर हमारे लिए क्षमा करना बड़ा आसान हो जाता है।

क्षमा एक ही झटके में किया जाने वाला काम नहीं है। यह लगातार गतिशील प्रक्रिया है। हमारे जीवन में गलतियाँ और तैश में किए गए

फैसले बार-बार होते रहते हैं। कभी-कभी हमें दूसरों की गलतियों का शिकार होना पड़ता है, पर आमतौर पर दूसरे लोग हमारी गलतियों का शिकार होते हैं।

जब कभी भी ऐसी स्थिति आए, हमें चाहिए कि हम अपनी मनोवृत्ति तथा धारणा को बदलकर आगे बढ़ें । जितना हम अपनी धारणा को बदलते रहेंगे, उतनी ही समझ व करुणा की भावना में उन्नति होने लगेगी और एक दिन ऐसा आएगा कि क्षमा करना हमारे लिए बड़ा सरल और स्वभाविक हो जाएगा।

क्षमाशीलता कोई घटनाओं की ऐसी शृंखला नहीं है, जहाँ हमें दूसरों की गलतफहमियों पर शहीद होकर, तब तक ज़बरदस्ती क्षमा करते रहें, जब तक तनाव व दबाव से हमारा दम घुटने लगे। क्षमाशीलता हमारा स्वभाव हो जाता है, जीवन का एक तरीका बन जाता है, जिसका लाभ हमें भी होता है, और दूसरों को भी। तब हम स्वयं को मजबूर, सताया हुआ और दूसरों को क्रूर नहीं मानते। हमें समझ में आ जाता है कि हम सब मानव हैं-और बेशक हम गलती करते हैं, ठोकर खाते हैं, लेकिन हम जल्दी स्वयं को संभाल सकते हैं, जीवन जीना शुरू कर सकते हैं। अन्त में हमें इस बात का सुखद अनुभव होगा कि हमारी भावनाएँ और प्रतिक्रियाएँ हमारे वश में हैं, हमारे जीवन की लगाम हमारे हाथ में है और हम अपनी सुख-शांति स्वयं स्थापित कर सकते हैं। उसके लिए हमें किसी और पर निर्भर करने की ज़रूरत नहीं है।

इस तरह हम दूसरों पर निर्भरता से छुटकारा पाते हैं और उनसे परिपूर्णता की आशा नहीं रखते।

हमें अपनी क्षमाशीलता पर विचार करना चाहिए और देखना चाहिए

कि हमारे लिए इसका क्या मतलब है? किसी ऐसे व्यक्ति के बारे में सोचिए जिसने आपके साथ बुरा किया हो या आपको चोट पहुँचाई हो। उसे क्षमा करना आपको कैसा लगता है? उसे क्षमा करने के लिए आपको क्या करना पड़ेगा?

क्षमाशीलता आत्म-बलिदान नहीं है। इससे आप महान नहीं बन जाते। बदकिस्मती से हम क्षमा के गलत और बेतुके अर्थ से जुड़े हुए हैं।

क्षमा करने का मतलब यह नहीं कि हम गलत काम को भी सहते जाएँ। हम अपने आसपास अन्याय, हिंसा, घृणा, शोषण और बेईमानी होते देखते रहें। ऐसे हालात में, अन्याय को मिटाने के लिए हमें दृढ़ कदम उठाना ही होगा।

कहा जाता है कि जज का काम बड़ा मुश्किल होता है। दया या क्रूरता की भावना को एक तरफ रखकर, उसे कानून की सीमा में रहकर फैसला करना होता है।

जस्टिस चारूचन्द्र दत्त के सामने एक बार, बड़ी विकट दुविधा आन पड़ी। सभी सबूत बता रहे थे कि दोषी ठहराया गया व्यक्ति वाकई अपराधी था। उसने एक आदमी की हत्या की थी और इसलिए उसे दंड मिलना ही चाहिए था। जस्टिस दत्त अपने निष्पक्ष और दृढ़ न्यायप्रियता के लिए प्रसिद्ध थे, लेकिन आज वे स्वयं न्याय की कसौटी पर थे, क्योंकि अपराधी कोई और नहीं, उनका अपना इकलौता पुत्र था। अगले दिन सज़ा सुनाई जाने वाली थी।

जज गहरी सोच में डूबे थे। उनकी पत्नी ने रोते हुए कहा, "अपने पुत्र को बचा लीजिए। केवल आप ही उसे बचा सकते हैं और आपको बचाना चाहिए। अपने ही पिता के द्वारा उसे मौत की सज़ा मिले, ये मैं

सहन नहीं कर सकती।"

जस्टिस ने अपनी दु:खी पत्नी की पीठ पर हाथ रखा। उसे तसल्ली देने के लिए उनके पास शब्द नहीं थे। वे उसे कैसे समझाते कि न्याय को अपनी मर्ज़ी के अनुसार तोड़ा-मरोड़ा नहीं जा सकता?

अगले दिन फैसला सुनाया गया। अपराधी को फाँसी की सज़ा मिली।

दंड सुनाने के बाद जस्टिस कचहरी से बाहर अपने पुत्र से मिले। आँसू भरी आँखों स उसे हृदय से लगाया और धीरे से कहा, "भगवान तुम्हें क्षमा करे" और बिना पीछे देखे चले गए।

घर पहुँचने के कुछ समय बाद ही जस्टिस दत्त का हार्ट फेल हो गया और वे परलोक सिधार गए।

क्षमाशीलता ढोंग नहीं है, क्षमाशीलता का अर्थ स्वयं को तथा दूसरों को धोखा देना नहीं है। कभी-कभी हम बाहर से बड़े शान्त या धीर बने रहते हैं, जबकि भीतर हम क्रोध से उबल रहे होते हैं। अपनी भावनाओं का दमन करने से हमारा अपना ही नुकसान होता है और मानसिक समस्याएँ पैदा हो जाती हैं, क्योंकि हम अपनी असली भावनाओं को दबा कर, उन भावनाओं को दिखाते हैं जिन्हें लोग अच्छा समझें। हम बाहर से अपने आप को 'अच्छा' प्रकट करते हैं, जबकि हमारे अन्दर गंदगी भरी रहती है।

एक लड़की ने एक ऐसे लड़के से शादी की, जिसकी माँ बड़े रोब और धाक जमाने वाले स्वभाव की थी। लड़का अपनी माँ का इकलौता बेटा था। शादी के शुरू के कुछ साल उस लड़की को अपनी कठोर और क्रोधित सास के साथ रहने में काफी समस्याएँ आईं। सास को बहू में

33

कुछ भी अच्छाई नज़र नहीं आती थी। लेकिन बहू ने कभी सास का विरोध या शिकायत नहीं की। वह मन ही मन कुढ़ती रही और यूँ ही जीवन चलता रहा।

पाँच साल के बाद सास को ज़बरदस्त लकवा हो गया। वह बोलने, चलने और हिलने से लाचार हो गई और उसने बिस्तर पकड़ लिया। एक घमन्डी और दृढ़ स्वभाव वाली महिला के लिए यह एक बड़ा भारी धक्का था। वे लोग अमीर थे, उस महिला के लिए एक नर्स व एक नौकर रखा गया।

बेचारी महिला सारा दिन बिस्तर पर लेटी-लेटी आँसू बहाती थी।

बहू में बहुत परिवर्तन आ गया। अब वह एक बेचारी बहू न रहकर घर की स्वामिनी बन गई थी। जब भी सास-बहू अकेली आमने-सामने होतीं, बहू अपनी सास के प्रति ज़हर तथा नफ़रत उगलती। कभी वह अपनी सास को जली-कटी सुनाती और कभी उस की दयनीय दशा का मज़ाक उड़ाती। कभी उसके साथ निरादर और लापरवाही का व्यवहार करती। लेकिन दूसरों के सामने वह शांत रहने का ढ़ोंग करती।

सास तो खैर अब इस हाल में थी कि बहू का कुछ नहीं बिगाड़ सकती थी। लेकिन बहू अपनी सास का इतना नुकसान नहीं कर रही थी, जितना इस दोहरे व्यवहार से वह अपना नुकसान कर रही थी।

क्षमाशीलता से कोई धार्मिक नहीं हो जाता। यह बड़प्पन की भावना भी नहीं है।

एक युवती पहले दिन जब अपने दफ्तर गई तो उसे एक रिपोर्ट टाईप करने को दी गई। जब बड़े अफसर ने देखा कि उस रिपोर्ट में बहुत सी गलतियाँ थीं, वह क्रोध से लाल-पीला हो गया और युवती को बुलाकर

34

उसे खूब बुरा-भला कहा और उसे अयोग्य कहकर अपमानित किया। युवती थर-थर काँपने लगी और अफसर के आगे बिनती करने लगी कि इस बार उसे क्षमा कर दिया जाए, आगे से वह ऐसी गलती नहीं करेगी।

अफसर का अहं संतुष्ट हो गया। युवती की तरफ़ रिपोर्ट फेंकते हुए बोला, "मेरे कैबिन से निकल जाओ और जब तक यह रिपोर्ट सही न हो जाए, मुझे अपनी शक्ल मत दिखाना। यह मेरी उदारता है कि इस बार मैं तुम्हें क्षमा कर रहा हूँ।"

जिस व्यक्ति के साथ ऐसा व्यवहार होता है, वह बेचारा तो उदास हो जाता है- और दुर्व्यवहार करने वाले का भी कुछ भला नहीं होता।

कभी-कभी हम अपने व्यवहार को क्षमाशीलता समझने की गलती करते हैं। अपने आप से या अपनी असली भावनाओं से भागने का नाम क्षमा नहीं है। कोई प्रतिक्रिया न करना या भावशून्य होने का नाम क्षमाशीलता नहीं है। जब तक आप अपने प्रति पूरे ईमानदार नहीं हैं, तब तक सच्ची क्षमाशीलता संभव नहीं हो सकती।

क्षमाशीलता दिव्यता है

हम ने यह कथन सुना है, "गलती करना मनुष्य का काम है, क्षमा करना दिव्यता है।" मानव जीवन का ध्येय है-पूर्णता की ओर बढ़ते हुए दिव्यता प्राप्त करना।

क्षमा करना सच में एक दिव्य गुण है। हम सब के अन्दर यह दिव्य गुण है। हमें केवल इसे अपने दैनिक जीवन के कर्मों में प्रकाशित करना है।

पुराणों में एक बड़ी रोचक कथा है। एक बार ऋषि भृगु के मन में यह जानने की इच्छा हुई कि ब्रह्मा, शिव और विष्णु में, कौन सबसे महान है? किस की भक्ति ज़्यादा करनी चाहिए। ऋषि ने फैसला किया कि वही देवता सबसे महान होगा जिसमें सबसे ज़्यादा धीरज और क्षमाशीलता होगी।

एक योजना बनाकर ऋषि भृगु तीनों को परखने निकले। सबसे पहले वे ब्रह्माजी के पास गए। उनके सामने जाकर भृगु ने, न उनके चरण छुए और न नमस्कार किया। उनको पूरी तरह अनदेखा कर दिया। ब्रह्माजी क्रोध के मारे आपे से बाहर हो गए और भृगु को श्राप देने के लिए उठे ही थे कि देवी सरस्वती ने उन्हें रोक लिया और बोली, "प्रिय देव, कृपया भृगु को क्षमा कर दीजिए। उनके इस अजीब व्यवहार के पीछे ज़रूर कोई कारण होगा।"

ब्रह्माजी कुछ शांत हुए और भृगु वहाँ से चुपचाप निकल गए,

उसके बाद वे कैलाश पर्वत जा पहुँचे जहाँ शिवजी ध्यान-मग्न थे। वहाँ भृगु ऋषि उनका मज़ाक उड़ाते हुए बोले, "ज़रा अपनी तरफ देखो। सारे शरीर पर भस्म मली हुई है और गले में साँपों के हार पहने हुए हैं। आप कोई पागल से जान पड़ते हो।"

शिवजी उन पर अपने त्रिशूल से वार करने ही वाले थे कि देवी पार्वती ने बीच में ही उन्हें रोककर कहा, "स्वामी, कृपया इस बार इसे क्षमा कर दें।" शिवजी को क्रोध तो बहुत आया, पर अपनी प्रिय पत्नी के कहने पर उन्होंने ऋषि को जाने दिया।

कैलाश पर्वत से अपनी जान बचाकर, भृगु, ब्रह्मांड के पालनहार, विष्णु के निवास स्थान वैकुंठ जा पहुँचे, जहाँ विष्णु योग-निद्रा में मग्न थे। विष्णु को सोया हुआ पाकर भृगु की हिम्मत और भी बढ़ गई और उसने बड़ा अजीब व्यवहार किया-भगवान विष्णु की छाती पर अपने पैर से ठोकर मारी और कहा, "तुम्हारा कर्त्तव्य है संसार का पालन करना। उसे भुलाकर तुम नींद में मस्त हो।"

विष्णुजी जागे, जैसे ही उन्होंने आँखें खोलीं ऋषि के पाँव पकड़ लिए और विनयपूर्वक कहा, "क्षमा कीजिए ऋषिवर। मेरी कठोर छाती पर आपके पवित्र, कोमल चरण पड़ने पर उन्हें चोट पहुँची होगी। आप मेरे श्रेष्ठ भक्तों में से एक हैं। आपको जो मैंने अनजाने में चोट पहुँचाई है, उसे कैसे दूर कर सकता हूँ?

भृगु ऋषि की आँखों में आँसू भर आए और वे विष्णु भगवान के चरण कमलों पर गिरकर बोले, "भगवन्, मेरा गर्व और मेरी मूर्खता क्षमा करें। परम करुणा के स्वामी, मैं तुच्छ आपको परखने चला था। आपकी पवित्र छाती पर ठोकर मारने का मैंने घोर पाप किया है। इस पाप को

मैं कैसे धोऊँगा? मेरे लिए कितनी शर्म की बात है। मेरी कितनी बदनामी होगी।"

भगवान मुस्कुराते हुए बोले, "एक शिशु द्वारा छाती पर पैर मारने से एक पिता अपने बच्चे से कैसे नाराज़ हो सकता है? तुम मेरे प्रिय पुत्र हो और तुमने लाड़ से अपने पिता के साथ ऐसा किया है। आने वाले युगों-युगों तक तुम्हारे पैरों के निशान मेरे वक्ष पर अंकित रहेंगे।" ऐसी होती है दैवी क्षमा की शक्ति।

देवताओं में कौन महान है, इस बात पर तर्क-वितर्क करने के लिए लोग अकसर इस कहानी का उल्लेख करते हैं। मेरे विचार से लोग पुराणों की इस कथा का मूल अर्थ ही भूल जाते हैं। यह कथा तो दिव्य क्षमा की शक्ति बताती है। अगर भगवान इस घोर अपराध को क्षमा कर सकते हैं, तो हम अपने किसी व्यक्ति के प्रति द्वेष या बदले की भावना रखने वाले कौन हैं?

क्षमाशीलता शक्ति है

अपने अमर उपदेश जिसे लोग Sermon on the Mount कहते हैं उसमें श्री ईशा ने दुश्मनों को प्रेम और अत्याचार करने वालों को आशीर्वाद देने को कहा है। उन्होंने अपने उपदेश के शब्दों की साक्षी भी दी। जब उनको सलीब पर चढ़ाया जा रहा था और वे अंतिम श्वास ले रहे थे, तो उनकी क्षमा का संदेश कितना रोमांचक था,उन्होंने कहा "हे ईश्वर, इन्हें क्षमा कर देना, क्योंकि ये नहीं जानते कि ये क्या कर रहे हैं।"

अपने दुश्मनों से प्रेम करो। जो तुम पर अत्याचार करें, उन्हें आशीर्वाद दो-ये केवल बड़े-बड़े शब्दों का सुंदर जाल नहीं। मैं तो यह बात इसलिए कह रहा हूँ क्योंकि बहुत से लोग इस दृष्टिकोण के खिलाफ हैं। वे समझते हैं कि यह सलाह कमज़ोरी, कायरता, मूर्खता और हार की भावना से ओत-प्रोत है। और दूसरी बात-जो हमें बर्बाद करना चाहते हैं, हम उन्हें प्रेम और आशीर्वाद कैसे दे सकते हैं?

Martin Luther King Jr. ने अपनी प्रसिद्ध पुस्तक 'Strength to Love' में लिखा है, श्री ईशा ने जितने भी उपदेश दिए हैं, उनमें से सबसे कठिन बात शायद यही है कि "अपने दुश्मनों से प्रेम करो।" अपने दुश्मन को प्रेम करना हमारे लिए बहुत ज़रूरी है। "अपने दुश्मनों को भी प्रेम करो-यह संसार की समस्याओं को सुलझाने की कुंजी है।"

Martin Luther King ने 1960 में U.S Civil Rights Movement का नेतृत्व किया था। जिन गोरे लोगों ने उनका समर्थन किया, उनके

39

साथ बुरा व्यवहार किया गया।

एक गोरे, बोस्टन के पादरी James Reed को, गोरे विरोधियों ने इतनी बुरी तरह पीटा कि उसकी मृत्यु हो गई।

Detroit की एक गोरी महिला को गोली से केवल इस लिए उड़ा दिया गया कि उसने एक काले आदमी को अपनी कार में लिफ्ट दी।

Alabama के एक छोटे से शहर Selma के छात्रों ने इन घटनाओं के विरोध में एक शांति यात्रा निकाली, जाति व रंग-भेद के कट्टर, शहर के प्रधान ने जब इस शांति यात्रा के बारे में सुना, तो उसने अपने आदमियों को उन छात्रों के साथ क्रूरता और अमानवीय तरीके से कठोर व्यवहार करने का हुक्म दिया। उन लोगों ने बच्चों को धक्के दे-देकर खदेड़ा। कुछ बच्चों की हालत काफी खराब हो गई। अपने इस क्रूर व्यवहार के बारे में शहर के प्रधान का कहना था कि वह बच्चों के सिर से यात्रा का भूत उतारना चाहता था।

कुछ दिनों बाद शहर के प्रधान को दिल का दौरा पड़ा और उसे अस्पताल में दाखिल किया गया। जिन बच्चों के साथ उसने बुरा व्यवहार किया था, उन्हीं बच्चों ने अस्पताल के सामने एक और शांति यात्रा निकाली-इस बार वे शहर के प्रधान के स्वास्थ्य के लिए प्रार्थना कर रहे थे और उनके हाथों में उसके शीघ्र स्वस्थ होने के Card थे।

हम एक ऐसे समाज में रहते हैं, जिसमें सत्ता की सफलता को महत्त्व दिया जाता है। व्यक्तित्व व आत्म-रक्षा की भावना को अच्छा माना जाता है। क्षमाशीलता को निर्बलता-बल्कि कायरता की निशानी माना जाता है। हमें बार-बार सिखाया जाता है कि अपने अधिकारों के लिए लड़ो; अपने अधिकारों की रक्षा करो; किसी के आगे झुको मत।

मैं आपको बताना चाहता हूँ कि क्षमा करने में महान शक्ति है-केवल आध्यात्मिक शक्ति नहीं बल्कि एक ऐसी शक्ति जिसका कोई भी अनादर नहीं कर सकता। यह आपके सम्मान और आत्म-प्रतिष्ठा को स्थापित करती है। यह आपके आंतरिक बल को प्रकट करती है और आपकी क्षमाशीलता को दृढ़ करती है। इस प्रकार हम देखते हैं कि क्षमाशीलता हमें कमज़ोर नहीं, अपितु एक अर्थपूर्ण जीवन जीने के लिए बल प्रदान करती है। क्षमाशीलता सारे लड़ाई-झगड़ों का एक सकारात्मक अंत करती है-क्योंकि इसके द्वारा हम द्वेष व बदले की भावना के कुचक्र से निकलकर एकता, शांति और मैत्री के क्षेत्र में प्रवेश करते हैं, उससे भी महत्त्वपूर्ण बात यह कि क्षमा करने की हर एक क्रिया दूसरों को भी क्षमा करने की प्रेरणा देती है और इस प्रकार एक सकारात्मक कड़ी बन जाती है।

क्षमाशीलता हमें अतीत की यादों से मुक्त करती है। लोगों से व्यवहार करने के नए तरीके सिखाती है। सबसे बढ़कर, हम उन लोगों को भी क्षमा कर सकते हैं, जिन्होंने मानवता पर हमारे विश्वास को चोट पहुँचाई है क्योंकि यह हमें, बदले में किसी से कुछ पाने की इच्छा से मुक्त करती है।

अगर हम क्षमा को मानवीय समुद्र में बहने दें तो यह आधुनिक सभ्यता का इतिहास बदल सकती है। लेकिन अफ़सोस, हम ही इसकी राह में रोड़े अटकाते हैं। हम झुकने के लिए, किसी को माफ करने के लिए तैयार ही नहीं होते। Martin Luther King का मानना था कि क्षमा में दुश्मन को दोस्त बनाने की शक्ति है। अगर हम इसके जादू को चलने दें तो संसार का काया-कल्प हो सकता है।

क्षमाशीलता आपको स्वस्थ कर सकती है

Norman Vincent Peale का लिखा एक प्रेरक लेख है, "क्षमा करो, भूल जाओ और जियो" इस लेख में उन्होंने एक ऐसे व्यक्ति की कहानी बताई है जिसके पास मानो सदा सकारात्मक जीने का रहस्य था। St. Paul के महान शब्दों को उसने अपने जीवन का आदर्श-वाक्य बना लिया था। वे शब्द हैं, "जो गुज़र गया है, उसे भुला दो और जो सामने है उसे अपनाओ।" किसी को माफ़ न करने की वृत्ति को बनाए रखना, कुढ़न तथा गिले-शिकवे करने से कई तरह की बीमारियाँ पैदा हो जाती हैं।

न्यू यॉर्क में एक सर्वेक्षण में पता चला है कि डॉक्टरों के पास जो रोगी आते थे, उनमें से सत्तर प्रतिशत ऐसे रोगी थे, जिनके मन में किसी न किसी बात को लेकर नाराज़गी या कुढ़न थी। उनकी बीमारी का इतिहास देखते हुए एक प्रसिद्ध डॉक्टर ने कहा, "किसी के प्रति द्वेष और दुर्भावना इत्यादि होने से लोग बीमार हो जाते हैं। दवाइयाँ खाने से ज़्यादा वे क्षमाशीलता से जल्दी स्वस्थ हो सकेंगे।"

द्वेष या बैर एक ऐसी भयानक बीमारी है कि अगर एक आदमी दूसरे के खिलाफ़ ज़्यादा देर तक रखे तो उसकी मृत्यु तक हो सकती है। सार यह है कि क्षमाशीलता जीने का केवल सही तरीका ही नहीं, अपितु स्वस्थ जीवन जीने का भी एक तरीका है।

मैंने सुना है कि अमीर फैशनेबल स्त्रियाँ, सुन्दर दिखने के लिए ऑपरेशन द्वारा अपने मुँह के मस्से व दाग हटवा देती हैं।

Dr. Peale का कहना है कि हमें भी अपने मन से बैर को हटाने के लिए कुछ इलाज करना चाहिए। और हमारे चरित्र में सुन्दरता लाने के लिए इलाज के तौर पर उन्होंने कुछ सुझाव दिए हैं:

1. अपने मन से बैर-विरोध दूर करने का दृढ़ निश्चय कर लें-चाहे यह कितना ही कठिन क्यों न हो और चाहे इसके लिए कितना ही समय क्यों न लग जाए।

2. इस तथ्य को कभी न भूलें कि बैर की भावना का आपके शरीर पर कितना बुरा असर पड़ता है। इससे आप की मृत्यु भी हो सकती है।

3. इस बात को समझें कि क्षमा करना आध्यात्मिक प्रगति की ओर पहला कदम है। आपके भीतर से सद्भावना निकलनी चाहिए, ताकि यह वापिस आपके जीवन में प्रवेश कर सके।

4. क्षमा करने के बारे में केवल सोचते ही न रहें-इसका अभ्यास करें। अपने दुश्मन को अभी क्षमा कर दें।

5. अपने लिए प्रार्थना करें-और साथ ही अपने विरोधी के लिए भी। उसे सद्भावनाएँ भेजें। उसके लिए ईश्वर से आशीर्वाद माँगें-और अपने लिए भी ईश्वर से क्षमा और आशीर्वाद माँगें।

6. अपने विरोधी के बारे में जब बात करें तो कठोर शब्दों का प्रयोग न करें। कोमल शब्दों का प्रयोग करें। इससे आपके मन की कड़वाहट दूर होगी।

7. अपने विरोधी के साथ सद्व्यवहार करें या पत्र लिखकर सद्भावना प्रकट करें। इससे आपके मन की मैल दूर होगी।

8. आप उन बातों पर विचार करें, जिनके कारण आप में यह कड़वाहट भर गई है। ऐसा करने से आप सावधान रहेंगे कि वे बातें फिर न दुहराई जाएँ।

सच तो यह है कि विचलित चेतना हमें कभी चैन से नहीं जीने देगी–और चेतना तब तक बेचैन रहेगी, जब तक हम क्षमा करके घृणा और द्वेष से मुक्त नहीं होंगे।

George Shinn ने कितना सही लिखा है, "हम जो देते हैं वही पाते हैं। यदि हम घृणा देते हैं तो घृणा पाते हैं और अगर प्रेम देते हैं, तो प्रेम पाते हैं।"

यदि हम आंतरिक शान्ति चाहते हैं तो एक ही रास्ता है–हम क्रोध और बैर से मुक्त हो जाएँ, घृणा को दूर करें और क्षमा करना सीखें।

मनोवैज्ञानिक बताते हैं कि जब लोग क्षमा करके, सब कुछ भूलने से इंकार करते हैं–तो उनका जीवन निश्चय ही पतन की राह पर चल पड़ता है। उनमें कड़वाहट भर जाती है। कुछ लोग सुस्त और अपने जीवन से ऊब जाते हैं। वे सकारात्मक तथा हितैषी लोगों की संगति छोड़कर स्वयं को अकेलेपन की कैद में बंद कर लेते हैं। कुछ लोग ऐसी स्थिति में शराब का सहारा लेते हैं। कुछ लोग सोचते हैं कि सिगरेट पीने से उन्हें राहत मिलती है। इस तरह से उनका पतन शुरू हो जाता है।

सच्चाई यह है कि अगर हम कटुता भूलकर क्षमा करना नहीं सीखते तो हम उसकी कीमत शारीरिक और भावनात्मक मूल्यों से चुकाते हैं। यह बताना मुश्किल है कि उस शारीरिक और भावनात्मक मूल्य का रूप क्या होगा।

एक महिला अपने पति से तलाक लेकर भी उसे क्षमा नहीं कर पाई। उसे कैंसर हो गया, जिसके कारण उसे ऑपरेशन कराना पड़ा। उसे यकीन था कि मानसिक कष्ट पाने और मन में इतनी कुढ़न ही उसके कैंसर के कारण थे।

एक ईसाई पादरी बड़ा स्वस्थ और कर्मशील जीवन बिता रहा था। अचानक बीमार पड़ने के कारण उसे अस्पताल में दाखिल करना पड़ा। डॉक्टरों ने उसके शरीर में दो बढ़े हुए माँस देखे जो उसे दर्द पहुँचा रहे थे। डॉक्टरों ने तुरंत ऑपरेशन करके उन माँस के बढ़े हुए टुकड़ों को निकाला। पादरी ने निश्चयपूर्वक कहा कि उसे दो व्यक्तियों के प्रति इतना द्वेष था कि वह उन्हें क्षमा नहीं कर पा रहा था। ये दो तकलीफें उसी बैर-विरोध की भावना का परिणाम था। ऑपरेशन के द्वारा उसके शरीर के घाव तो ठीक हो गए थे, लेकिन अब उसने दृढ़ निश्चय कर लिया कि वह अपनी मानसिकता से वे दो घाव भी प्रेम और क्षमा के द्वारा दूर कर देगा, जो उसने इतने सालों से अपने मन में पाल रखे थे।

डॉक्टर बताते हैं कि क्रोध करने से हमारे वृद्ध होने की गति तेज़ हो जाती है। देखा जाए तो क्रोध एक स्वाभाविक प्रतिक्रिया है-और अगर हम इसे ज़्यादा देर तक न रहने दें और इससे किसी को नुकसान न पहुँचे तो यह एक परिपक्व भावना है। लेकिन हम क्रोध को मन में रहने दें तो यह एक स्वाभाविक और परिपक्व भावना न रहकर द्वेष में बदल जाएगी। जब हम लोगों को क्षमा करने से इन्कार करते हैं तो मानो बैर हमारी ज़िंदगी पर शासन करने लगता है।

यदि क्रोध-हमारे हृदय में घर कर ले, तो घुन की तरह हमें जर्जर कर देता है। इसके द्वारा हम पर निरंतर तनाव रहता है-लड़ो या

भागो-वाली कठिन स्थिति उत्पन्न हो जाती है।

हमारे पूर्वज, गुफ़ा निवासी मानव के लिए लड़ो या भागो-वाला व्यवहार ठीक था। जब उसका सामना किसी भयंकर जानवर से होता था, तो उसके सामने दो ही रास्ते होते थे-अगर उसमें बल हो तो उस जानवर का डटकर मुकाबला करे, या भागकर अपनी जान बचाए।

जब हम किसी के विरुद्ध निरंतर द्वेष रखते हैं, तो हम भी इस प्राचीन 'लड़ो या भागो' वाली स्थिति में पहुँच जाते हैं। हम सदा ऐसी स्थिति में रहते हैं कि या तो अपने मन की भड़ास निकालें, गुस्सा निकालें-या असहनीय स्थिति से बचकर भागें। यह हमारे नर्वस सिस्टम को बहुत हानि पहुँचा सकता है। हमारी शारीरिक, भावनात्मक, मानसिक और आध्यात्मिक शक्तियों पर इतना दबाव पड़ता है कि हम सुस्त हो जाते हैं। कुछ भी करने की शक्ति नहीं रहती। वृद्धावस्था तेज़ी से बढ़ने लगती है। इस प्रकार से, क्रोध के कारण हमारी स्थिति युवावस्था स्त्रोत के विपरीत हो जाती है। एक चिकित्सक ने इसे वृद्धावस्था का टब कहा है।

कुछ डॉक्टरों का कहना है कि अगर हम क्रोध तथा बैर को अपने अंदर बनाए रखें, तो हमारे शरीर के प्रतिरक्षा सिस्टम पर भी बुरा असर पड़ता है। प्रतिरक्षा सिस्टम बड़ा जटिल होता है। इसके कई भाग हैं, ये आरोग्यता की शक्ति भी रखता है। यह आंतरिक तथा बाह्य रूप दोनों से काम करता है।

ज़ुकाम जैसी छोटी सी तकलीफ़ से भी यह क्रियाशील हो जाता है। बाहर की छोटी-मोटी घटनाएँ, जैसे कि ट्रैफिक का रुकना, बच्चे का ज़िद्दी व्यवहार या आपके जीवन-साथी के साथ हुआ झगड़ा-इन सब

बातों से भी प्रतिरक्षा सिस्टम पर बुरा असर पड़ता है।

कहा जाता है कि किसी के प्रति द्वेष रखने से हमारी आत्मा पर विनाशकारी प्रभाव होता है। लेकिन मैं आपको चेतावनी देना चाहता हूँ कि यह शरीर का भी विनाश करता है। हम सब जानते हैं कि मानसिक तनाव होने पर हमें नींद नहीं आती-और मन में किसी के प्रति कड़वाहट हो तो भी आँखों से नींद उड़ जाती है। कई बार देखा गया है कि अति क्रोध की अवस्था में दिल का दौरा भी पड़ता है। जो लोग बैर-विरोध को मन में रखे रहते हैं, उन्हें बड़ी जल्दी बीमारियाँ घेर लेती हैं। ऐसे लोग जब कोशिश करके अपने मन से घृणा व बैर के भावों को निकाल बाहर करते हैं तो उनकी बीमारी भी ठीक होने लगती है। इसीलिए घृणा को कैंसर की तरह माना गया है-घृणा और कड़वाहट रूपी कैंसर, शरीर व आत्मा, दोनों का विनाश करती है।

अभी तक हम अच्छी तरह समझ भी नहीं पाए और समझा भी नहीं पाए हैं कि शरीर-मन तथा आत्मा किस तरह आपस में मिलकर काम करते हैं। लेकिन इस बात के हमारे पास प्रमाण हैं कि विचारों तथा भावनाओं का असर हमारे शरीर की क्रिया पर ज़रूर पड़ता है। अगर हम भावनात्मक रूप से विचलित हैं तो हमारे शरीर पर उसका प्रभाव दिखाई देता है। ऐसा लगता है कि हम स्वयं से लड़ रहे हैं। डॉक्टर इसे to Somaticize कहते हैं। इसका मतलब है कि किसी भावनात्मक उलझन के कारण, अवचेतन मन द्वारा, हम उलझन को अपने शरीर पर प्रकट करते हैं। उसके फलस्वरूप चाहे कहीं वह फोड़ा बन जाए या कैंसर।

Vellore के CMC अस्पताल के डॉक्टरों ने मरीजों पर खोज

करके प्रमाणित किया है कि बहुत-सी शारीरिक बीमारियों का सीधा संबंध हमारी मानसिक अवस्था से है। बैर, क्षमा न करना, द्वेष, अपराध भावना, क्रोध और दुश्मनी के कारण हृदय-संबंधी और फेफड़ों, छाती, पेट, कान, नाक और गले संबंधी कई तरह की बीमारियाँ घेर लेती हैं।

ये नकारात्मक भावनाएँ हमारे अंदर दबी रहती हैं और हम उनका ज़हरीला तत्त्व अपने में समाते रहते हैं और फिर उसका बुरा असर हमारे स्वास्थ्य पर पड़ने लगता है।

Mary Chandler ने अपने जीवन से क्षमा का एक स्वास्थ्य-प्रद उदाहरण दिया है। जब वह सिर्फ सोलह वर्ष की थी तो उसके परिवार पर मुसीबतों का पहाड़ टूट पड़ा। उसके घर के बाहर ही एक बड़ा सा ट्रक उनकी कार से आ टकराया। कार की पीछे वाली सीट पर उसकी छ: साल की बहन तथा दो साल का भाई बैठा था। डर के मारे दोनों बच्चे बहुत घबरा गए, पर वे बच गए। पिता इस घटना से नि:शब्द थे पर उन्हें चोट नहीं आई लेकिन उसकी माँ बहुत बुरी तरह घायल हो गई। उसका सिर नीचे सड़क पर था, उसके पैर कार में फँसे हुए थे और उसके चेहरे तथा बालों से खून बह रहा था।

इस सदमे और दहशत की स्थिति में वह केवल इतनी प्रार्थना कर पाई, "हे ईश्वर, कृपया मेरी माँ की जान बख्श देना।"

उस सकते की हालत में उसने देखा कि उसकी माँ को ऐम्बुलैंस में डालकर ले गए।   फिर उसने ट्रक के ड्राईवर को देखा-लम्बा, पतला अपनी यूनिफार्म पहने वह कुचली हुई कार के पास सिर झुकाए हुए खड़ा था।

मैरी को देखकर बोला, "मुझे क्षमा कर दो, मुझे सचमुच बहुत दु:ख

48

है। मुझसे गलती हो गई कि यहाँ मैंने 'रुकने' का संकेत नहीं देखा।

मैरी चिल्लाकर बोली, "मैं तुमसे घृणा करती हूँ। तुम्हारी वजह से मेरी माँ की क्या हालत हो गई है। तुमने ध्यान से ट्रक क्यों नहीं चलाया? मैं तुम्हें कभी माफ़ नहीं करूँगी-और शायद भगवान भी तुम्हें माफ़ न करें।"

मैरी को बहुत ज़्यादा दु:ख हुआ, उसका मन खट्टा हो गया। वह सोचती, "मेरी माँ की क्या गलती जो उसे इतना कष्ट झेलना पड़ा है। भगवान ने उसके साथ ऐसा क्यों होने दिया?"

बाद में मैरी ने लिखा, "इस दुर्घटना के कारण मेरा बचपन समाप्त हो गया।" केवल सोलह साल की उम्र में, उसे अपने छ: छोटे भाई-बहनों की माँ का दायित्व निभाना पड़ा। बड़े बच्चे खाना पकाने, सफाई करने तथा कपड़े धोने में मदद करते थे। वह सुबह स्कूल पढ़ने जाती और शाम को एक सिनेमाघर में नौकरी करती। रात को ग्यारह और एक बजे के बीच वह स्कूल की पढ़ाई करती।

वह अपनी माँ को बहुत याद करती। सारे बच्चे अपनी माँ के प्यार और ममता, उसकी देख-भाल से वंचित हो गए थे। माँ की तनख़ाह बंद हो जाने के कारण पैसों की तंगी हो गई थी। माँ को दो सौ किलोमीटर दूर एक बड़े अस्पताल में भर्ती किया गया। इसलिए बच्चे उससे मिलने कम जा पाते थे।

जैसे-जैसे समय बीतता गया, मैरी की कड़वाहट तथा कुढ़न बढ़ती गई। अस्पताल से उसकी माँ के बारे में भी अच्छी खबरें नहीं आती थीं-उसकी माँ की याददाश्त अभी भी धुंधली थी। डॉक्टर भी उसके सिर के दबाव को अभी हल्का नहीं कर पाए थे।

जो कुछ भी हुआ था, मैरी उसके लिए ईश्वर को दोषी नहीं मानती थी–लेकिन जिस ट्रक ड्राईवर की वजह से वह दुर्घटना हुई थी, उससे वह अत्यंत घृणा करती थी, क्रोध में आकर वह अकसर सोचती, "हमारे स्थान पर उसे दुःख भोगना चाहिए।"

उसके पिता ज़्यादा काम करते थे, पर उन्हें वेतन कम मिलता था। इसलिए वह कभी–कभी समय मिलने पर ही अस्पताल जा पाते थे। बच्चों को तो कई–कई हफ्तों के बाद माँ से बात करने का अवसर मिलता था–क्योंकि वह बेहद कमज़ोर थी–कभी कभी बात करने से ही वह बहुत थक जाती थी।

चिंता, ज़िम्मेदारी तथा लगातार काम करने से बच्चे भी थक रहे थे। एक रात मैरी ढ़ेर सा स्कूल का काम लेकर, खाने की मेज़ पर बैठी पढ़ रही थी कि उसकी आँखों से आँसू बह निकले, "हे ईश्वर अब मैं और नहीं सहन कर सकती, कृपया मेरी मदद करो।" उसे लम्बे, पतले उस ट्रक ड्राईवर की याद आ गई और उसका मन कटुता और क्रोध से भर उठा।

अचानक उसे अपनी माँ की आवाज़ सुनाई दी, "मैरी, मैंने उसे क्षमा कर दिया है। तुम भी कर दो।"

चौंकते हुए मेरी ने ऊपर देखा पर उसकी माँ वहाँ नहीं थी। वह तो मीलों दूर अस्पताल में पड़ी थी। उस क्षण मैरी की बहुत इच्छा हुई कि वह अपनी माँ के पास हो, उसे देखे और छूए। कई महीनों से वह अपने छोटे भाई–बहनों के लिए माँ का दायित्व निभा रही थी–उस समय अचानक उसका मन हुआ कि उसकी माँ उसे उठाए, उसे सहलाए।

उसकी माँ की आवाज फिर आई, "उसे माफ़ कर दो। अगर तुम

उसे माफ़ करने में असमर्थ हो तो ईश्वर से कहो कि वह तुम्हारी मदद करें।"

मैरी ने अपनी आँसू भरी आँखें बन्द कीं और प्रार्थना की, "हे ईश्वर मेरा हृदय पत्थर की तरह कठोर न बनने पाए। मुझे सद्बुद्धि दो। उस आदमी को क्षमा करने की शक्ति दो।" मैरी को उस पतले से, डरे हुए ड्राईवर की काँपती आवाज़ याद आई, "मुझे माफ़ कर दो, मुझे माफ़ कर दो।"

मैरी ने अपने पिता से सुना था कि वह ट्रक ड्राईवर मैरी की माँ का हाल पूछने के लिए अस्पताल में बराबर फोन करता था। दुर्घटना के कारण उसे भी नुकसान पहुँचा था। उसकी नौकरी छूट गई थी। घर में उसकी पत्नी और छोटे-छोटे बच्चे थे। वह अकसर उसके पिता से बातचीत करता था और एक बार उसकी माँ से मिलने अस्पताल भी आया था। इसका मतलब था कि उसे सचमुच उन लोगों के बारे में चिंता थी-और जो कुछ हुआ, उसका उसे बहुत अफसोस भी था।

उस रात मैरी ने जब प्रार्थना की, तो उसे लगा कि उसके मन की कड़वाहट कम हो रही थी। उसके दिल से घृणा खत्म हो गई थी और पहली बार उसके हृदय में ड्राईवर के लिए करुणा जागी। अब उसने महसूस किया कि उस आदमी ने भी कितनी आत्म-ग्लानि और दर्द सहा होगा, तथा उसे ड्राईवर के परिवार के साथ भी सहानुभूति हो आई।

अचानक फोन की घंटी बज उठी, रात के साढ़े बारह बजे थे। काँपते हाथों से मैरी ने फोन उठाया।

उसे लगा कि वह सपना देख रही है, क्योंकि यह उसकी माँ का फोन था "बेटी, मैं मम्मी बोल रही हूँ। आज रात यहाँ का टेलिफोन बंद

है, इसलिए मैं बाहर से तुम्हें फोन कर रही हूँ। मेरी बच्ची, तुम कैसी हो?"

हैरानी के कारण, मैरी के मुँह से शब्द ही नहीं निकल रहे थे। हकलाते हुए वह बोली, "लेकिन . . . लेकिन मम्मी रात के इस समय आप फोन तक कैसे पहुँची?"

उसने अपने पापा से सुना था कि उसकी माँ को अभी भी चक्कर आते थे, जिसकी वजह से वह चल – फिर नहीं सकती थी। जब भी उसने अपने आप उठकर चलने की कोशिश की, वह ज़मीन पर गिर पड़ी और किसी की मदद से ही उठ पाई। ऐसी हालत में वह फोन-बूथ तक कैसे आई होगी? शायद किसी की मदद लेकर वहाँ तक पहुँची हो।

माँ ने पूछा "मैरी, तुम कैसी हो?" मैरी के आँसू भरे चेहरे पर मुस्कुराहट फैल गई और वह बोली,"मैं बिल्कुल ठीक हूँ। आप कैसी हैं?"

माँ का जवाब था, "मैं भी ठीक हूँ। मन में शान्ति है।"

मैरी बोली, "मम्मी, मेरे मन में भी अब शांति है। आखिर मैंने उसे क्षमा कर दिया है। अभी-अभी मैंने ईश्वर से प्रार्थना की है और ऐसा लगता है कि मेरे मन से भारी बोझ हट गया है। जिस ड्राईवर के कारण आपके साथ दुर्घटना हुई थी, मैंने उसे क्षमा कर दिया है।"

माँ ने कहा, "इस बात से Mr. Abbott को बहुत राहत मिलेगी। तुम्हारे पिता और मैंने तो उसे बहुत पहले ही क्षमा कर दिया था। लेकिन तुम्हारी कही बातें उसे अब भी याद हैं और वह मुझसे बार-बार पूछता है कि क्या तुम उसे कभी माफ़ कर सकोगी। वह आज भी मुझसे मिलने आया था।"

मैरी का गला भर आया। वह बोली,"अगली बार जब वह मिले तो कृपया उसे बता दीजिए कि मैंने उसे क्षमा कर दिया है।"

छ: हफ्तों के बाद मैरी की माँ लगभग पूरी तरह ठीक होकर घर आ गई। इस दुर्घटना ने मैरी को कई अमूल्य सबक सिखाए-उसने क्षमा करना और क्षमा किया जाना सीखा। उसके कानों में अब भी माँ के ये शब्द गूँजते हैं, "ईश्वर से प्रार्थना करो कि वह स्वयं क्षमा करने में तुम्हारी सहायता करे।" इस वाक्य से उसके जीवन में बड़ा परिवर्तन आ गया।

क्षमा करना कोई ऐसी मेहरबानी नहीं जो आप किसी पर करते हो। यह आपके स्वयं के लिए एक सुरक्षा है, जिसकी आपको बहुत ज़रूरत है। यह आपको कटुता और क्रोध जैसे उन विनाशकारी भावनाओं से बचाती है जो आपके मन और आत्मा को क्षीण कर देती हैं। चार नियम ऐसे हैं, जिन पर चलकर हम सहजता से क्षमा करना सीख सकते हैं:

- किसी के बारे में निर्णय लेने का काम ईश्वर पर छोड़ दें, क्योंकि निर्णय लेने के लिए हमारे पास सारे तथ्य नहीं होते। केवल ईश्वर ही सब जानता है।

- सहनशक्ति और दूसरे को समझने की भावना का विकास करें। मनुष्य परिपूर्ण नहीं है-हम सब गलतियाँ करते हैं।

- लड़ाई, ईंट का जवाब पत्थर से देना, जैसे पाशविक आवेगों पर नियंत्रण रखो।

- ईश्वर की मदद के लिए निरंतर प्रार्थना करते रहें। कभी-कभी क्षमा करना इतना कठिन होता है कि हम अकेले उसे नहीं कर पाते। उस समय ईश्वर की कृपा चाहिए कि वे हमें बल दें, हम में बदलाव

आए। ईश्वर की कृपा से हमारे मन की गहराइयों में बैठी कटुता भी द्रवित होकर निकल जाती है।

न्यू यार्क के एक कैंसर विशेषज्ञ के बारे में पढ़ा है, जो अपने क्षेत्र में बड़ा जाना-माना डॉक्टर है। अपने नए मरीज़ का इलाज शुरू करने से पहले वह उसके साथ दो विशेष बैठकें करता है। पहली बैठक होती हैं 'क्षमा करने की बैठक' और दूसरी होती है 'प्रेम की बैठक।'

इस डॉक्टर का मानना है कि कैंसर के होने और उसके इलाज में भावनात्मक तथ्यों का बड़ा भारी हाथ होता है। इसलिए इन बैठकों में वह रोगी के सब निकट संबंधियों को बुलाता है। पहली बैठक-क्षमा करने की बैठक में-वह सब लोगों से कहता है कि वे बताएँ कि रोगी ने उन्हें क्या-क्या तकलीफ़ या चोट पहुँचाई है। जब सब लोग खुलकर अपनी बात कर लेते हैं तो उन सब से कहा जाता है कि वे सहजता से रोगी को क्षमा कर दें।

दूसरी बैठक, प्रेम की बैठक में वे सब लोग एक दूसरे के प्रति, विशेष रूप से मरीज़ के प्रति अपना प्रेम और सद्भावना प्रकट करते हैं। डॉक्टर को विश्वास है कि इस सुन्दर प्रक्रिया से-पहले क्षमा और फिर प्रेम-बड़ा अच्छा वातावरण बनता है, जो मरीज़ को स्वस्थ करने में सहायक सिद्ध होता है।

विजय एक नवयुवक इंजिनियर था। वह महाराष्ट्र के एक पिछड़े हुए देहाती जिले में स्थित, एक फैक्टरी में काम करता था, जो शहर से चालीस कि. मी. दूर थी। एक शाम वह फैक्टरी से घर की तरफ आ रहा था कि अचानक उसकी कार के सामने से एक युवती सड़क पार करने को भागी। विजय ने तुरंत कार को ब्रेक लगाई, किन्तु फिर भी

युवती कार से टकराकर गिर पड़ी और उसके शरीर से खून बहने लगा। विजय कार से बाहर निकला और यह देखकर घबरा उठा कि वह युवती गर्भवती थी।

गाँववालों की मदद से विजय उस युवती को पास-वाले अस्पताल में ले गया। पुलिस को खबर की गई। विजय के खिलाफ़ केस दर्ज करने के बाद उसे घर जाने की इज़ाज़त मिली। इतनी देर में उस युवती के पति को इस दुर्घटना का पता लगा और वह भागा-भागा आया। जब तक विजय सारी बात बताता, उस युवती ने दम तोड़ दिया। भीतरी चोटों तथा बहुत ज़्यादा खून बहने के कारण वह बच न सकी।

कुछ हफ्तों के बाद विजय को स्थानीय मेजिस्ट्रेट की कचहरी से बुलावा आया। वहाँ उसके खिलाफ शिकायत दर्ज होनी थी। उसे यह जानकर हैरानी हुई कि उस मृत युवती के पति ने उसके खिलाफ़ कोई शिकायत दर्ज नहीं की। गाँववालों से उसने जान लिया था उसकी पत्नी की ही गलती थी। आती हुई कार की परवाह न करके उसने सड़क पार करने की कोशिश की थी। उसने अपने बयान में कहा, "इन साहब का कोई दोष नहीं है। फिर इन्हें सज़ा क्यों दी जाए?"

विजय को छोड़ दिया गया। उस पर जुर्माना तक नहीं लगा।

क्षमाशीलता हमें मुक्त करती है। यह हमें नए सिरे से जीने का अवसर देती है-भविष्य में अच्छा बनने की प्रेरणा देती है, यह हमें पिछली शिकायतों, तकलीफों और पुरानी गलतियों के बंधनों से मुक्त करती है। यह क्षमा करने वाले और क्षमा किए जाने वाले दोनों को राहत देती है।

अतीत को दफना दो

हमें वर्तमान में जीना सीखना चाहिए। हमें वर्तमान की ज़रूरतों की तरफ़ ध्यान देना चाहिए, वर्तमान की समस्याओं को सुलझाना चाहिए। हम भविष्य के लिए आशा और प्रार्थना करें और योजना भी बनाएँ-लेकिन अतीत को पीछे छोड़ना सीखें। इसीलिए श्री ईशा ने कहा है,"मुर्दों को गढ़े रहने दो।" हमेशा अतीत में रहना, उसी के बारे में सोचना, 'जो बीत गया सो बीत गया' को न मानना, जीते जी मरने के बराबर है।

क्या आपने Burke और Hare के बारे में सुना है? शायद नहीं। वे दो बदनाम व्यक्ति थे। वे ताज़ा कब्रों को खोदकर, उनमें से मुर्दा शरीरों को निकालकर उन्हें मेडिकल कॉलेजों में बेच आते थे, जिन्हें चीर-फाड़ कर, मनुष्य-शरीर की जानकारी प्राप्त करनी होती थी। इस तरह वे दोनों अमीर बनना चाहते थे (यह सन् 1820 की बात है।)

शायद आप कहें, "छी! कितना घृणात्मक काम है" और सचमुच आपका ऐसा सोचना ठीक है। लेकिन हम लोग क्या उनसे बेहतर हैं? मैं आपको बताना चाहता हूँ कि अनजाने में हम बहुत से लोग उन कब्रों को खोदने वालों की तरह ही हैं।

जब भी आप किसी पुराने बैर को याद करते हैं, जब भी आप अतीत में अपने ऊपर हुए अत्याचारों के बारे में सोचते हैं, जब भी आप किसी पुरानी दुश्मनी को याद करते हैं-उन बातों को अपने मन में सोचकर या किसी से उनके बारे में बातचीत करते हैं-तो समझ लीजिए

कि आप एक कब्र खोद रहे हैं और आप अच्छी तरह जानते हैं कि उसमें से क्या निकलने वाला है. . .

जीवन इतना मूल्यवान है कि उसे ऐसी बेकार की बातों में नहीं गँवाना चाहिए। अतीत तो बीत चुका है। उसे जाने दो और भूल जाओ। अपनी असफलताओं, निराशाओं, बाधाओं और शिकायतों का सामना करने का यही सब से अच्छा तरीका है-उन्हें दिल से हमेशा के लिए मिटा दो। हमें अपने मन की स्लेट को पोंछकर साफ कर लेना चाहिए। हमें चाहिए कि हम उनके बारे में सोचने से भी इन्कार कर दें-हम ऐसा मानें कि वे हमारे मन में हैं ही नहीं।

देखा जाए तो वे हमारे मन में ही तो रहते हैं।

वर्तमान सुंदर है, मूल्यवान है, जीवंत, अद्भुत और रुचिकर है। महान संभावनाओं से भरा पड़ा है। हम कितने मूर्ख हैं कि अतीत से चिपककर अपनी ऊर्जा और भावनाओं को बर्बाद करते रहते हैं। इसलिए अच्छा यही है कि अतीत को भूल जाओ! छोड़ दो! हम पुरानी कब्रों को खोदकर, पुरानी गलतियों और असफलताओं की हड्डियों को कुरेदकर क्यों स्वयं को नीचे गिराएँ। अतीत को अतीत में ही रहने दो।

अपने मन में ये शब्द दोहराते रहें,-"आज का दिन मेरा है। आज मेरे जीवन का सबसे ज़्यादा खुशी का दिन है। यदि भगवान ने चाहा तो यह सबसे ज़्यादा सफल दिन भी हो सकता है।"

अगर हम पूरी तरह से वर्तमान में जीना चाहते हैं, तो हमें अतीत के बोझ से मुक्त होना पड़ेगा। अगर हम पुराने ज़ख्मों को ही कुरेदते रहेंगे, तो हम अतीत में ही फँसे रहेंगे और जब हम अतीत में फँसे रहेंगे, तो वर्तमान का आनंद नहीं उठा सकेंगे ।

अतीत तो पुराने कचरे की तरह है, जिसे साफ कर देना चाहिए।

ऐसे बहुत से लोग हैं, जिनके पुराने भूले हुए दुःख दर्द, अतृप्त इच्छाएँ और टूटे हुए सपने याददाश्त के गहरे अँधेरे में दबे रहते हैं। हमें चाहिए कि हिम्मत करके, ईश्वर की मदद लेकर, इन सबको बाहर निकाल फेंकें।

Alan Cohen का कहना है, "राहत का मार्ग बाहर की तरफ, बिना देखे, छलांग लगाने से शुरू नहीं होता, अपितु भीतर की तरफ धीरे से कदम बढ़ाने से होता है।"

हमें अपनी पिछली गलतियों से सबक सीखना चाहिए। यह तो अतीत से निपटने का क्रियात्मक और सकारात्मक तरीका है। लेकिन अतीत का अपराध-बोध, लज्जा और क्रोध आदि भावनाओं को मन में बसाए रखना नकारात्मक और विनाशकारी है।

महान दार्शनिक Spinoza का कहना है, "मैंने देखा कि जिन चीजों से मैं डरता था, और जो चीजें मुझे डराती थीं, उनमें कोई अच्छाई या बुराई नहीं थी। सब मेरे अपने मन का भ्रम था।" जब आप अपने अतीत को भूल जाएँगे, तब तो निश्चित रूप से आपका जीवन एक नया मोड़ लेगा।

एक स्त्री ने बड़ा अनैतिक और अपराध भरा जीवन बिताया। निःसंदेह उसका अतीत बुरा था। पर उसने अपने जीवन को बदलने का निश्चय किया और हिम्मत से सीधे और सच्चे मार्ग पर चल पड़ी। लेकिन पुलिस वाले उसे तंग करते थे। जब कभी कोई अपराध होता तो, वे उस पर शक करते थे। हालाँकि उसका उनमें कोई हाथ नहीं होता था।

वह दु:खी होकर कहती, "अगर तुम आज मुझे बार-बार अपना अतीत याद दिलाते रहोगे तो मैं अतीत से स्वयं को अलग कैसे कर पाऊँगी? मैं तो अपने अतीत को दफनाना चाहती हूँ। लेकिन California मेरे अतीत को, मेरा वर्तमान बनाना चाहता है।"

चाहे कोई घोर पापी हो, लेकिन जो ईश्वर की दया और क्षमा पाना चाहता है, ईश्वर उसे अपनी शरण में ले लेते हैं। श्रीमद्भगवद्गीता में भगवान श्री कृष्ण कहते हैं:

"सम्पूर्ण धर्मों को अर्थात सम्पूर्ण कर्त्तव्यकर्मों को त्यागकर तू केवल एक मुझ सर्वशक्तिमान्, सर्वाधार परमेश्वर की ही शरण में आ जा। मैं तुझे सम्पूर्ण पापों से मुक्त कर दूँगा, तू शोक मत कर।"

ईसाई धार्मिक ग्रंथ Old Testament में भी कुछ ऐसा ही आश्वासन दिया है, "उनके अधर्मी कृत्यों को क्षमा करके मैं उनके पापों और अत्याचारों को भुला दूँगा।"

एक पादरी ने एक महिला को डाँट लगाई कि वह अपने पापों को कबूल करने के लिए बहुत दिनों से नहीं आई थी। जब वह पादरी के पास पहुँची तो पादरी ने बड़ी कठोरता से कहा, "अब तुम कल के, पिछले हफ्ते के, पिछले महीने और पिछले साल तक के पाप कबूल करो।" उसने जवाब दिया, "मैंने एक भी पाप नहीं किया।" पादरी ने उसे फटकारा और कहा, "तुम या तो एक महान साध्वी बन गई हो या महा झूठी।"

शायद उस महिला ने ईश्वर के आगे अपने पापों को कबूल करके क्षमादान पा लिया हो। क्या आपने कभी, कटुता से भरे लोगों से, बात करने की कोशिश की है? वे सदा अतीत में हुई गलतियों की याद में

डूबे रहते हैं। अपनी कटु यादों की छोटी-छोटी बातें भी उन्हें याद रहती हैं और वे अपने आप पर तरस खाते रहते हैं। अपने ऊपर हुए अत्याचारों को वे बड़े गर्व से दुहराते हैं। वे सब लोगों को सदा बताते रहते हैं कि उन्होंने कितने कष्ट उठाए हैं तथा उन्हें कितना कुछ सहना पड़ा है।

बहुमूल्य सम्पति की तरह वे अपनी घृणा और कटुता को सँजोए रखते हैं। अफसोस तो इस बात का है कि उन्हें क्षमाशीलता की बात बिल्कुल नहीं जँचती। वे समझते हैं कि उनको इतने दुःख मिले हैं, इतनी चोटें पहुँची हैं, उन पर इतने अत्याचार हुए हैं कि क्षमा करने का सवाल ही नहीं उठता।

लेकिन इन्हीं लोगों को क्षमा करने की ज़रूरत है। अपने अंदर जमा हुई घृणा और बैर के कारण उनका दम घुट रहा है और वे अपने आप को क्षति पहुँचा रहे हैं। राग-द्वेष से उनके मन इतने भरे रहते हैं कि उनकी प्रेम करने की क्षमता समाप्त हो जाती है।

अतीत की कटुता में रहना नकारात्मक ही नहीं, विनाशकारी और आत्म-विनाशी है।

ईश्वर ने जो भुला दिया, उसे आप भी भुला दीजिए

गलती करना मनुष्यता है, क्षमा करना दिव्यता है। आप जितना क्षमा करना सीखेंगे, उतना ही आप दिव्य होते जाएँगे। ईश्वर नित्य-मुक्त है। 'माफ़' शब्द में 'म' से मुक्ति शब्द बनता है। किसी को माफ़ करने से हम उन जख्मों से मुक्त हो जाते हैं, जिन्हें हम अकसर कुरेदते रहते हैं और दु:खी होते रहते हैं।

हमारे भीतर प्यार और नफ़रत के बीच संघर्ष चलता रहता है। प्रेम क्षमा करने को कहता है, नफरत बदला लेने को कहती है। जैसे को तैसा करने को कहती है। अगर किसी ने मुझे चोट पहुँचाई है, धोखा दिया है, मेरे साथ विश्वासघात किया है, मेरा शोषण किया है या मेरे बारे में अफवाहें फैलाई हैं तो प्रेम कहता है क्षमा कर दो, लेकिन नफरत चीख उठती है कि बदला लो। ईंट का जवाब पत्थर से दो। इस संघर्ष में अगर प्रेम जीतता है तो मैं गलती करने वाले को क्षमा कर देता हूँ। अगर नफरत की जीत होती है तो अपने साथ हुए दुर्व्यवहार को याद करके मेरा अन्तर्मन हमेशा जलता रहेगा।

कई साल पहले मुझे एक आदमी मिला। उसका चेहरा कोयले जैसा काला था। वह बोला, "मेरे भीतर आग जल रही है और जब तक मैं अपने पिता के हत्यारे को गोली नहीं मार दूँगा, तब तक यह भीतर

की ज्वाला शांत नहीं होगी।" सच है-नफरत एक ऐसी आग है, जो आपके अंदर जलती रहती है। ये आपकी सुख-शान्ति को जलाकर राख कर देती है।

दूसरी तरफ महात्मा गाँधी को देखिए। सन् 1908 में, जब वे दक्षिण अफ्रीका में थे तो एक कट्टर पंथी ने उनको मारने की कोशिश की, पर वे बच गए। महात्मा गाँधी ने अपने मित्रों से कहा, "इस आदमी को पता नहीं कि ये क्या करने जा रहा था। मैं इसे प्रेम देकर उसका प्रेम जीतूँगा।" एक साल के बाद उस आदमी ने महात्मा गाँधी से पत्र द्वारा क्षमा माँगी और उनकी प्रशंसा की। यह है क्षमाशीलता का जादू।

Pope John Paul II के साथ भी एक ऐसी ही घटना घटी। सन् 1984 में मुहम्मद अली नामक एक आदमी ने उनकी हत्या करने की कोशिश की, परंतु पकड़ा गया। उस आदमी से मिलने के लिए पोप रोम के Rabibbia जेल में गए। जिस हाथ से उस आदमी ने पोप के सीने पर गोली चलाई थी, उस हाथ को पोप ने थामकर उस आदमी को क्षमा कर दिया।

साधु वासवानीजी हमें बार-बार सिखाते थे "प्रेम ही जीवन है।" हमारे दिलों में इतना प्यार होना चाहिए कि किसी के प्रति नफरत की जगह ही न रहे।

जब चीन ने भारत पर हमला किया, तो इस देश में ऐसे बहुत से लोग थे जो चीनी लोगों से नफरत करते थे। लेकिन उन दिनों में भी साधु वासवानी, उनकी भलाई के बारे में सोचते थे। जब किसी ने उनसे पूछा, "क्या आप किसी को अपना दुश्मन मानते हैं?" उन्होंने जवाब दिया, "मेरे हृदय में प्रभु के लिए असीम प्रेम है। और मुझे लगता है कि मेरे हृदय

में किसी के प्रति घृणा का स्थान ही नहीं है। ईश्वर की कृपा से, ऐसा कोई इंसान नहीं जिसे मैं अपना शत्रु मानूँ।"

एक दुराचारी व्यक्ति था। वह शराब पीता, जुआ खेलता और अपनी पत्नी से दुर्व्यवहार करता। उसकी पत्नी तथा बच्चे साधु वासवानी के सत्संग मे आकर राहत महसूस करते थे। लेकिन उस आदमी को यह भी पसंद नहीं था।

एक दिन वह क्रोधित होकर साधु वासवानी के पास आया और उनकी ओर मुक्का दिखाते हुए बोला, "काश आप जानते कि मैं आप से कितनी घृणा करता हूँ।"

साधु वासवानी ने प्यार भरी दृष्टि उस पर डालकर कहा, "काश कि तुम जानते कि मैं तुमसे कितना प्रेम करता हूँ।"

साधु वासवानी के शब्दों में जाने क्या जादू था? वह आदमी साधु वासवानी के चरणों पर गिर पड़ा और आँखों में आँसू भरकर क्षमा याचना करने लगा। तब से उसका जीवन बदल गया। अपनी बुरी आदतों से उसने तौबा कर ली और हर शाम को अपनी पत्नी तथा बच्चों के साथ सत्संग में आने लगा।

क्षमाशीलता में लोगों को बदल देने की शक्ति है।

साधु वासवानी, महात्मा गाँधी और पोप, क्षमाशीलता के आदर्श के पुजारी थे। एक आम आदमी के जीवन की एक घटना है। एक दिन उसने देखा कि उसके बगीचे में एक लड़का फूल चुराने के इरादे से घुसा है। उसने चुपके से उस लड़के के पीछे जाकर उसके कंधे पर हाथ रखकर कहा, "बेटा बताओ, इस बगीचे में सबसे सुंदर फूल कौन सा है?"

लड़का समझ गया कि अब वह बच नहीं सकता, उसने झट से आसपास देखकर कहा, "गुलाब सब से सुंदर है।"

उसके कंधे पर हाथ रखते हुए आदमी ने सुंदर फूल तोड़ा और उस लड़के को दे दिया।

हैरान होकर लड़के ने पूछा, "क्या आप मुझे सज़ा नहीं देंगे?"

वह आदमी बोला, "नहीं, मैं तुम्हें सज़ा नहीं दूँगा, किन्तु मैं तुम पर इतना विश्वास करूँगा कि फिर कभी तुम मेरे बगीचे से फूल नहीं चुराओगे।"

लड़के ने तुरंत उत्साह से जवाब दिया, "कभी नहीं सर! जब तक में ज़िंदा हूँ, ऐसा काम कभी नहीं करूँगा। लेकिन सर! यदि मेरे लायक कोई काम हो तो बताइए। मैं जीवन भर आपकी सेवा करना चाहता हूँ।"

यह है क्षमाशीलता का जादू। क्षमा और प्रेम ने उस कठोर हृदय वाले लड़के को जीत लिया और वह उस अमीर आदमी का खुशी से सेवक बनने को तैयार हो गया।

दुःखदायी बातों को भूलना सीखें

विश्वासघात, क्रोध और निराशा-अपने जीवन में हमें कभी न कभी, इन नकारात्मक भावनाओं का सामना करना ही पड़ता है। जब हम किसी के दुर्व्यवहार या कठोरता के बारे में ही सोचते रहते हैं तो हम कटुता और नकारात्मक के जाल में फँस जाते हैं। आप हमेशा अपनी निराशाओं के बारे में सोचते रहते हैं और फिर उस के बारे में चर्चा भी करते हैं और आप राग-द्वेष की भावना से घिरे रहते हैं।

इन निराशाओं और हताशाओं का सामना किस तरह करना चाहिए? अपनी भावनाओं तथा विचारों की हमें खुद ज़िम्मेदारी लेनी चाहिए। हम अपनी प्रतिक्रिया बदल सकते हैं। आप इस बात को अच्छी तरह से समझ लें। कोई आपकी भावनाओं को प्रभावित नहीं करता, बल्कि आप खुद उन्हें चुनते हैं।

यह कहावत कितनी सच है, "अब पछतावत क्या होत है, जब चिड़िया चुग गई खेत।" हमें अपनी असफलताओं को भुलाकर नए सिरे से जीवन जीना सीखना होगा। हमें क्षमा करना होगा।

उस समय क्षमा करना बड़ा मुश्किल हो जाता है, जब लोग हमसे क्षमा नहीं माँगते या उनकी गलती अक्षम होती है। कोई बात नहीं-जाने दो!

ऐसी स्थिति में क्षमाशीलता आपको दुःखी होने से बचाती है, कटुता

की भावना से बचाती है।

अफसोस! लोग परिपूर्ण नहीं हैं। घर में या काम के क्षेत्र पर, लोग कभी न कभी आपको चोट पहुँचाएँगे या नीचा दिखाएँगे। अगर हम अपनी भावनाओं को अपने वश में रखें, खुद पर संयम रखें तो हम किसी भी स्थिति में दो कदम आगे रहेंगे। हम किसी भी परिस्थिति में दबेंगे नहीं। उन से प्रभावित नहीं होंगे।

मैं आपको एक छोटा-सा अभ्यास देता हूँ। आप किन्हीं दो लोगों के बारे में सोचें जिन्होंने हाल ही में आपको दुःख दिया है या आपका अपमान किया है – कोई दो लोग जिनके प्रति आपके मन में अभी भी शत्रुता का भाव है।

अब आप अपने आपसे पूछें, मेरी शत्रुता मेरे साथ क्या कर रही है? क्या इससे मेरे मन को खुशी मिल रही है? क्या इसकी वजह से मुझे पहले से अच्छी नींद आ रही है? मेरे बैर के कारण क्या मेरा जीवन पहले से बेहतर, सम्पन्न, ज़्यादा अर्थपूर्ण हो गया है?

अगर इन सब बातों का जवाब 'ना' में है तो आप एक साहसपूर्ण फैसला लीजिए।

जाने दो! निराशाओं और कटुता से दूर ही रहना अच्छा है!

क्षमाशीलता की चार अवस्थाएँ

क्षमाशीलता तक पहुँचने के लिए हमें चार अवस्थाओं से गुज़रना पड़ता है।

पहली अवस्था दिल को चोट लगने की है। किसी ने मुझे धोखा दिया है। मेरे साथ बुरा बर्ताव किया है। किसी ने मेरे साथ चालाकी की है और मैं उस बात को भूल नहीं पा रहा। मेरे दिल को चोट लगी है और यह चोट मुझे अंदर ही अंदर पीड़ा देती है। यहाँ हमें याद रखना चाहिए कि यह चोट मुझे नहीं, मेरे अहं को लगी है।

एक महिला एक महात्मा के पास गई और कबूल किया कि उनके समाज की एक विशिष्ट महिला के प्रति उसके मन में द्वेष की भावना है।

महात्मा ने कहा, "तुम अभी उसके पास जाओ और उसे बता दो कि उसके बारे में तुम्हारे मन में बैर की भावना थी। फिर उसे बिना कोई सफाई दिए, नम्रता से क्षमा माँग लो।" वह महिला बोली, "मैं ऐसा नहीं कर सकती। उसने जो चोट मुझे पहुँचाई है, उसे मैं कभी नहीं भूल सकती।"

वह महिला पहली अवस्था में थी–चोट की अवस्था में। जो इस अवस्था में होते हैं, स्वाभाविक है कि उनके मन में बैर होगा ही, लेकिन उन्हें ये भान नहीं होता कि जिनके प्रति उनके मन में बैर की भावना पनप रही है, वे उनका इतना नुकसान नहीं कर रहे जितना कि बैर के

कारण वे स्वयं का नुकसान कर रहे हैं।

घृणा और दुर्भावना, क्रोध और चिन्ता की तरह हमारे शरीर को क्षति पहुँचाते हैं क्योंकि ये हमारे रक्त पर विष का काम करते हैं और मन के ये विकार बढ़ते ही जाते हैं। एक बार हम विकार को अपने मन में घर करने देते हैं, तो वे फूलते-फैलते हैं, समाप्त नहीं होते।

जब दिल को चोट लगती है तो वह घृणा में बदल जाती है। यह दूसरी अवस्था है। अपनी चोट को मैं भूल नहीं सकता और अपने दुश्मन को मैं सद्भावनाएँ नहीं भेज सकता। कभी-कभी हम उस व्यक्ति से इतनी घृणा करते हैं कि चाहते हैं कि वह भी उतना ही दु:खी हो जितने दु:खी हम हैं।

Madam Chiang Kai Shek जापानियों से घृणा करती थी। उनकी माँ धार्मिक महिला थीं। Madam Chiang Kaishek ने अपनी माँ से एक दिन कहा, "आप ईश्वर से प्रार्थना क्यों नहीं करतीं कि वह सब जापानियों को समुद्र के पानी में डुबो दे?" उनकी माँ का उत्तर था, "मेरी बच्ची, मैं ऐसी प्रार्थना कैसे कर सकती हूँ?"

एक चित्रकार ने घृणा का चित्र बनाया। उसमें उसने घृणा को एक झुर्रियों वाले बूढ़े के रूप में दिखाया, जिसके मुँह पर मुर्दनी छाई थी। जिसने अपने पंजों में जली हुई मशालें व साँप पकड़ रखे थे और अपने सड़े हुए, काले दाँतों से वह अपना ही दिल फाड़ रहा था।

जब उससे चित्र का मतलब पूछा गया तो उसने बताया, "घृणा को मैंने बूढ़े का रूप दिया है, क्योंकि घृणा मानवजाति जितनी प्राचीन है। उसके मुँह पर मुर्दनी छाई हुई है, क्योंकि जो घृणा करता है, वह अपने आपको दु:ख देकर अपना सत्यानाश करता है। उसका जीना दुष्वार हो

जाता है। उसके हाथों की जगह पंजे बनाए हैं, क्योंकि घृणा निर्दयी होती है। मशालों और साँपों का मतलब है, अनबन या फूट और वह आदमी अपना हृदय स्वयं फाड़ रहा है। इसका मतलब है कि घृणा अपना ही विनाश करती है।"

चोट से घृणा उत्पन्न होती है। फिर तीसरी अवस्था राहत की है। मुझ पर ईश्वर की कृपा बरसती है और मैं दुःख देने वाले को एक नई दृष्टि से देखता हूँ। मैं उसकी मुश्किल समझने लगता हूँ। मेरा दुःख दूर हो जाता है और मैं फिर से मुक्त हो जाता हूँ।

एक लड़की एक महात्मा के पास गई और कहा, "न जाने क्यों मैं शांति से बैठकर प्रार्थना नहीं कर सकती। ध्यान नहीं लगा सकती। मुझे बेचैनी सी रहती है। हालाँकि पहले मैं सदा खुश रहती थी।"

महात्मा ने पूछा, "ऐसा कैसे हो गया?" लड़की बोली, "शायद इसकी वजह मेरी एक सहेली है, लेकिन उसने मेरे साथ धोखा किया और मैंने भी ठान लिया कि मैं उसके साथ न कभी बात करूँगी और न उसे कभी माफ करूँगी। मुझे अफसोस है कि मैंने ऐसा सोचा, लेकिन तब से मेरे दिल को चैन नहीं। अब मैं क्या करूँ?"

महात्मा ने कहा, "एक गलत कसम को तोड़ना अच्छा है। अपनी सहेली के पास जाकर उससे माफी माँगो।"

अगले दिन वह लड़की अपनी सहेली के घर गई और अपने व्यवहार के लिए माफी माँगी।

उसकी सहेली फूट-फूटकर रोने लगी और बोली, "तुम मुझसे माफी माँगने आई हो। पर माफी तो मुझे तुमसे माँगनी चाहिए, क्योंकि मैं अपने किए पर शर्मिन्दा हूँ।" दोनों सहेलियों में सुलह हो गई।

उसके बाद आती है चौथी अवस्था जिस व्यक्ति ने मुझे दुःख पहुँचाया, मैं उसकी तरफ दोस्ती का हाथ बढ़ाता हूँ। मैं उसे अपने जीवन में आमन्त्रित करता हूँ। उसके साथ प्यार भरा व्यवहार करता हूँ और हम दोनों एक नया और स्वच्छ रिश्ता बना लेते हैं।

शालीनता से क्षमा माँगना

अगर हमें किसीसे क्षमा माँगनी हो, तो शालीनता से, नम्रता से माँगनी चाहिए। Edward Kennedy ने कहा है, "शान्ति रखने के लिए दोनों तरफ से कोशिश होनी चाहिए। लेकिन पहल किसी एक को करनी होगी" उस समय वह राष्ट्रों के मेल-मिलाप के बारे में बात कर रहा था। जब हम दूसरों के साथ शान्ति का रिश्ता जोड़ना चाहते हैं तो हम पहला कदम यह कहकर उठा सकते हैं: "मुझे क्षमा करें!"

जब हम कोई गलती करके दूसरों को दुःख पहुँचाते हैं, तो उनके मन में क्रोध भड़क उठता है, दूसरी तरफ हमारे मन में ग्लानि की भावना पैदा हो जाती है। कई लोग दूसरों पर दोष डाल देते हैं। हम अपने आपको दोषी मानने से इन्कार करते हैं। हम उस स्थिति से बचने की कोशिश करते हैं या एक अच्छे-भले रिश्ते को तोड़ देते हैं।

Confucius ने कितना सही कहा है, "जो आदमी गलती करके, उसे सुधारता नहीं, समझो कि वह एक और गलती कर रहा है।"

हमें अपनी गलतियों को स्वीकार करना चाहिए। Cardinal De Retz ने कहा है, "जो व्यक्ति अपनी गलती को स्वीकार करता है, वह, उस आदमी से भी बेहतर है जो गलती नहीं करता।"

दो कारणों से लोग क्षमा माँगने से कतराते हैं। सबसे पहला उनके अहं को लगता है कि क्षमा माँगना एक तरह से हार के बराबर है। दूसरा, माफी माँगना साहस का काम है, आम तौर पर लोगों में साहस नहीं

होता। जब मैं 'क्षमा माँगने' की बात करता हूँ, तो केवल होठों से ये शब्द बुदबुदाना 'क्षमा करें' का कोई मतलब नहीं है। उसका कुछ फायदा नहीं। यदि दूसरे को दुःख दिया है, तो सच्चे मन से खेद प्रकट करना चाहिए।

माफी माँगना हार नहीं है। बल्कि माफी माँगने का अर्थ है कि आपने स्वयं पर तथा उस दुःखद परिस्थिति पर विजय पा ली है। माफी माँगना एक तरह से आध्यात्मिक विजय है क्योंकि यह तनाव, ग्लानि, क्रोध और दुःख को कम करती है। यदि हम स्वीकार करें तो सच है कि हमारी ग्लानि और सामने वाले के क्रोध का कारण यही है कि हम क्षमा माँगना ही नहीं चाहते।

माफी माँगने से हमारा अपमान नहीं होता। हम छोटे नहीं हो जाते। बल्कि इससे हमारा बड़प्पन प्रकट होता है कि हम अपने कर्मों की ज़िम्मेदारी लेते हैं। इससे यह भी पता चलता है कि हमें दूसरों की भावनाओं और उनके साथ जो हमारा रिश्ता है, उसकी बहुत कद्र है:

माफी माँगने और देने के बारे में कुछ विचार प्रस्तुत हैं:

. माफी माँगते हुए केवल मुँह में ही बुदबुदाना काफी नहीं। जिससे माफी माँग रहे हैं, सीधा उसकी आँखों में देखते हुए, शान्तिपूर्वक स्पष्ट रूप से बात करें।

. अपना दोष दूसरों पर मत डालो! अपने किए की ज़िम्मेदारी लेते हुए कहें, "मेरी गलती है और मुझे इसके लिए खेद है।"

. दूसरे व्यक्ति के दृष्टिकोण से घटना को देखें। उसकी भावनाओं को समझने की कोशिश करें। उसे कहें, "आपकी भावना को मैं समझ सकता हूँ।"

- गलती कैसे हुई-यह बताने की कोशिश करें।
- आपने जो समस्या खड़ी की है, उसे सुलझाने में मदद करें।
- माफी माँगने के बाद उस व्यक्ति को कोई ऐसी चीज़ भेंट करें जो आपकी भावनाओं को प्रकट करे। यदि आपसे किसी चीज़ का नुकसान हुआ है तो उसकी भरपाई करें।
- अगर आपसे कोई माफी माँग रहा है, तो उसकी आँखों में देखें। वह जो कुछ कह रहा है, उसे ध्यान से सुनें।
- अगर कोई आपसे माफी माँग रहा है तो आप "चलो ठीक है" या "भूल जाओ" या "कोई बात नहीं" जैसे रूखे शब्दों का प्रयोग न करें। इससे ऐसा लगता है कि उसके माफी माँगने से आपको कोई फर्क नहीं पड़ता।
- शालीनता के साथ माफी माँगने वाले के इस व्यवहार के लिए तारीफ कीजिए और धन्यवाद दीजिए।
- अगर कोई माफी माँगे तो सच्चे मन से, दिल से, उसे माफ कर दें। अपने क्रोध और बैर को एक तरफ करके सकारात्मक भावनाओं द्वारा उसका स्वागत करें।
- जब कोई माफी माँगे, तो उस समय अपनी शिकायतों की लम्बी-चौड़ी सूची न खोलकर बैठें कि उसने आपको कितना तंग किया है।
- उसके किए के बारे में, उसे कभी याद न दिलाएँ।
- उस व्यक्ति के ऊपर अपनी माँगों का भार न डालें।
- उसे यह ज़रूर बताएँ कि उसके माफी माँगने से आप कितना

हलका महसूस कर रहे हैं।

- माफ करने के बाद, फिर से अच्छा रिश्ता कायम करने के लिए भरसक कोशिश करें।

- यदि अच्छी भावना के साथ माफी माँगी जाए और दी जाए तो दोनों तरफ से बड़ा मज़बूत रिश्ता कायम हो सकता है तथा एक-दूसरे के प्रति आदर बढ़ता है।

रिश्तों को कायम रखना

कोई भी रिश्ता हो, पति-पत्नी का, माता-पिता व बच्चों का, बहन भाइयों का, मित्रता का या सहकर्मियों का-सब में दो या अधिक व्यक्तियों का आपस में वास्ता पड़ता है। उनमें परिपूर्ण कोई भी नहीं होता। सब में कुछ न कुछ कमी होती है। कहावत भी है कि 'आदमी गलतियों का पुतला है।' हम से ऐसी गलतियाँ और त्रुटियाँ हो जाती हैं जिससे दूसरे के दिल को ठेस लगती है। बहुत सी बातें हैं, जो रिश्तों में दरार पैदा करती हैं, जैसे-झूठ बोलना, धोखा देना, किसी को नज़रअंदाज़ करना, परवाह न करना, अपनी ज़िम्मेदारी से कतराना, दूसरे के ऊपर दोष मढ़ना, असभ्य भाषा का प्रयोग करना, हिंसा और विश्वासघात करना इत्यादि। अफसोस की बात यह है कि यह सब दो अजनबियों में नहीं, बल्कि उन लोगों के बीच होता है जो एक दूसरे के बहुत नज़दीक होते हैं। ऐसी बातों से भावनाओं को ठेस पहुँचती है और रिश्तों में दरार पड़ जाती है।

यदि हम अपने रिश्तों को कायम रखना चाहते हैं तो हमें क्षमाशीलता की कला का अभ्यास करना चाहिए। कोई भी भावनात्मक चोट ऐसी नहीं जो माफ न की जा सके। थोड़ी सी कोशिश करने पर हम उस चोट को भुला सकते हैं और अपने प्रियजनों और मित्रों के रिश्ते को कायम रख सकते हैं, इस तरह हमारे मन की शांति भी बनी रहेगी।

बदले की भावना के विपरीत, क्षमाशीलता स्वाभाविक और सहज वृत्ति नहीं है। यदि कोई हमें ठेस पहुँचाता है तो हमारी स्वाभाविक प्रतिक्रिया होगी, "मैं बदला लूँगा, तुमने जो मेरे साथ किया है, मैं तुम्हारे साथ वही करूँगा।" लेकिन क्षमाशीलता का धीरे-धीरे विकास करना पड़ता है। उसका अभ्यास करना पड़ता है। कोशिश करनी पड़ती है। अच्छी तरह, सोच-समझकर हम भावनात्मक फैसला करते हैं कि जिसने हमें दुःख दिया है, उसे हम क्षमा कर दें। हम सब जानते हैं कि केवल मुँह से "मैंने तुम्हें क्षमा किया" कहना ही काफी नहीं होता। यह क्षमाशीलता नहीं है। असली क्षमाशीलता का मतलब है कि हम अपना क्रोध, बैर, दुःख और कड़वाहट भी त्याग दें। इससे दूसरे को भी राहत मिलती है और हमें भी।

हमारे लिए खुशी की बात है कि हमें किसी बलात्कारी या हत्यारे को क्षमा करने की नौबत नहीं आएगी। फिर भी आए दिन हमें अपने जीवन-साथी, बच्चे, सहकर्मी, मित्र, पड़ोसी या किसी अजनबी को ही क्षमा करने की ज़रूरत पड़ती है।

कई लोग अजनबियों और जान-पहचान के लोगों को तो माफ कर देते हैं, पर मित्र या रिश्तेदार को, जिनको हम अच्छी तरह से जानते हैं और भरोसा करते हैं-उन लोगों को जल्दी माफ नहीं कर पाते। ऐसे मौकों पर हमें सोचना चाहिए कि आखिरकार हमारे साथ दूसरे लोग जो व्यवहार करते हैं, हम उसके लिए नहीं अपितु स्वयं जो करते हैं, उसके लिए हम ज़िम्मेदार हैं।

जब हमारा अपने प्रियजनों के साथ भावनात्मक झगड़ा होता है, तो हम एक तथ्य को अनदेखा कर देते हैं। और वह है कि झगड़ा कभी

एक तरफा नहीं होता। जब हम अपने खिलाफ कोई दुर्व्यवहार पाते हैं तो उसमें कहीं न कहीं हमारा भी दोष होता है। अपने दुःख के कारण हमें अपनी गलती नज़र नहीं आती, जबकि दूसरे की गलती को हम बढ़ा-चढ़ाकर देखते हैं। अगर हम नम्र होकर थोड़ा सोच-विचार करें तो सब ठीक हो जाता है।

मदर-टेरेसा ने एक बार कहा था, "लोग मुझसे पूछते हैं कि जिन दम्पतियों में अनबन चल रही है, उनके लिए आपकी क्या सलाह है? मैं हमेशा जवाब देती हूँ 'प्रार्थना करो और क्षमा कर दो।' बेसहारा, अकेली माँ को भी सलाह देती हूँ, 'प्रार्थना करो और क्षमा कर दो।'

एक खुशहाल और सफल विवाह में क्षमाशीलता, धीरज, सहनशीलता और आपसी-समझ का लगातार अभ्यास करना पड़ता है। अगर पति-पत्नी एक दूसरे को माफ करके भूल न जाएँ तो उनका विवाह दोषारोपण का एक लम्बा सिलसिला बनकर रह जाएगा। अपने जीवन-साथी से क्षमा माँगने के लिए और अपनी गलतियों को साहसपूर्वक स्वीकार करने के लिए नम्रता और साहस की ज़रूरत होती है। इससे विवाहित जीवन में खुशी आती है। विवाहित प्रियजनों को मैं हमेशा कहता हूँ, अपने झगड़े पर सूरज को डूबने मत दो अर्थात अगर दिन को झगड़ा होता है, तो शाम होने से पहले सुलह हो जानी चाहिए और रात को झगड़ा होता है तो सूरज निकलने से पहले सुलह कर लो।

हाँ, एक दूसरे से प्रेम करने वाले पति-पत्नी को प्रतिदिन एक दूसरे को क्षमा करना ही चाहिए।

क्षमाशीलता को व्यवहार में लाएँ

1. पिछली बातों को भूल जाएँ–किसी ने कहा है, "किसी और को क्षमा करने की बजाय, खुद को माफ करना ज़्यादा मुश्किल है। जैसे हम दूसरों को क्षमा कर देते हैं, वैसे ही हमें खुद को क्षमा करना सीखना चाहिए। जब हम सच्चे मन से पश्चाताप करते हैं और ईश्वर के पास क्षमा माँगने जाते हैं तो वह हमें क्षमा कर देता है। हमें खुद को भी माफ कर देना चाहिए। हमें चाहिए कि हम अपनी गलतियों से सीखें और अपनी गलतियों और पापों का बोझ सदा के लिए उतार फेंकें। अपराध-भावना, बैर और क्रोध का भारी बोझ भविष्य तक न ले जाएँ, नहीं तो वह बोझ आपको आध्यात्मिक और भावनात्मक रूप से तोड़ देगा। अपने अतीत में की गई गलतियों से सबक सीखें और उन गलतियों को भूल जाएँ।

2. अपने मन से सब नकारात्मक भावनाओं को निकाल दें–जब आप मौन रहकर चिंतन के लिए बैठते हैं, उस समय भय, घृणा, द्वेष और कड़वाहट को विचारपूर्वक मन से निकालते जाएँ।

3. आपके मन से हर वस्तु और हर प्राणी के लिए सद्भावना निकलनी चाहिए।

4. क्षमा करने के लिए हिम्मत और हौसला चाहिए। क्षमा करने के लिए आपको दृढ़ निश्चय और मनोबल का विकास करना होगा, ताकि आप बिना किसी तनाव के क्षमा कर सकें।

5. अपनी गलतियों के बारे में सजग रहें। जब हम अपनी कमज़ोरियों के बारे में विचार करते हैं तो दूसरों की कमियों या कमज़ोरियों को भी समझ पाते हैं।

6. दूसरे व्यक्ति के प्रति सकारात्मक विचार रखें। उसके बारे में कोमलता से बात करें।

7. दूसरे व्यक्ति को सद्‌भावना का एक पत्र या कोई छोटा सा नोट लिख भेजें। यह आपकी भावनाओं को लिखित रूप से व्यक्त करेगा।

8. ईश्वर के नाम पर क्षमा करें, ईश्वर हमारी बहुत सी गलतियों को क्षमा करता है। हमें भी चाहिए कि हम दूसरों को क्षमा करें। उस ईश्वर से शक्ति और हिम्मत लें, जो दया का स्त्रोत है।

महान लोगों की साक्षी

हम क्षमा न करने वाले अहं से प्रभावित रहते हैं। इसका उसूल है कि ईंट का जवाब पत्थर से देना चाहिए। अहं कभी क्षमा नहीं करना चाहता। हम जितना अहं के जाल से बाहर निकलेंगे, उतना ही हम में क्षमाशीलता बढ़ती जाएगी।

जितने भी महान व्यक्ति हुए हैं, क्षमाशीलता उनके जीवन का महत्त्वपूर्ण अंग रहा है। श्री ईशा के बारे में सोचें। उन्होंने किसी को कष्ट नहीं दिया, दुःख नहीं दिया। फिर भी एक रात लोगों ने उन्हें पकड़कर, उन पर झूठा मुकदमा चलाकर, उन्हें सलीब पर चढ़ाने की सज़ा दे डाली।

श्री ईशा ने सलीब से उन लोगों को कृपा-दृष्टि से निहारा, जिन्होंने उन्हें बंदी बनाया था और प्रार्थना की, "हे ईश्वर, इन लोगों को क्षमा करना। ये नहीं जानते कि ये क्या कर रहे हैं।"

संत एकनाथ धैर्य की मूर्ति थे। वे हमेशा शान्त व धीर रहते थे। शहर के कुछ धनवान उनसे ईर्ष्या करते थे, उन्होंने एक आदमी से कहा कि किसी तरह वह संत एकनाथ को क्रोधित करे, वे उसके बदले में उस आदमी को बहुत सा धन देंगे।

संत एकनाथ का नियम था कि हर रोज़ वे सुबह तड़के उठकर नदी में स्नान करने जाते थे। एक दिन वे स्नान करके जैसे ही अपनी कुटिया की तरफ जा रहे थे, उस आदमी ने उन पर थूक दिया। संत

चुपचाप फिर से नदी की तरफ गए और स्नान किया। जब वे लौट रहे थे, तो उस आदमी ने फिर से उन पर थूका। यह घिनौना काम उस व्यक्ति ने एक सौ सात बार किया। संत ने अपना धैर्य नहीं खोया। वे एक सौ आठवीं बार फिर से नदी पर गए और स्नान किया। अब तो उस आदमी का हृदय भी पिघल गया। जब संत एकनाथ अपनी कुटिया की तरफ चले तो वह आदमी उनके चरणों पर गिरकर क्षमा माँगने लगा, महाराज, मुझे क्षमा करें। मैंने बड़ा भारी पाप किया है। फिर उस आदमी ने संत को बताया कि किस तरह कुछ धनी लोगों ने उसे धन का लालच देकर संत को क्रोधित करने को कहा था। धन के लालच में उसने ये कुकर्म किया।

संत बोले, "किस बात के लिए क्षमा माँग रहे हो? आज का दिन मेरे लिए अद्वितीय है। मैंने एक सौ आठ बार इस पवित्र जल में स्नान किया है। इसके लिए मैं तुम्हारा आभारी हूँ। अगर तुमने इनाम की बात पहले बताई होती तो मैं बनावटी क्रोध दिखा देता, ताकि तुम्हें धन मिल जाता।"

गुरु अमरदास को याद करें। गुरु अंगद के बाद उन्होंने गुरु-गद्दी संभाली। गुरु अंगद के पुत्र दातू को इस बात से बहुत निराशा हुई, क्योंकि उसे लगता था कि पिता के बाद गुरु-गद्दी पर उसका हक था। क्रोध से भरकर वह गुरु अमरदास के पास गया और बोला, कल तक तुम हमारे घर के नौकर थे और आज गुरु-गद्दी पर बैठे हो! ऐसा कहते हुए उसने बुजुर्ग गुरु को ठोकर मारी।

गुरु ने उसे करुणामयी आँखों से देखा और कहा, "मैं बूढ़ा हूँ और मेरी हड्डियाँ सख्त हो गई हैं। उनसे तुम्हारे पाँव को चोट लगी होगी। मुझे क्षमा करो।"

संतों का, खुदा के बंदों का यह गुण है। ऐसे लोग हर जाति और हर देश में जन्में हैं।

आर्य समाज के संस्थापक प्रसिद्ध ऋषि दयानंद को लें। वे सच बोलने तथा निडरता के लिए प्रसिद्ध थे। वे किसी से डरे बिना, किसी का पक्षपात किए बिना सच्ची बात कहते थे। इस कारण बहुत से प्रभावशाली धार्मिक पंडित उनसे नाराज़ हो गए। उन्होंने ऋषि के रसोइए जगन्नाथ को रिश्वत देकर, प्रतिदिन उन्हें भोजन में थोड़ा-थोड़ा विष देने को कहा।

ऋषि दयानंद गंभीर रूप से बीमार हो गए। डॉक्टरों को पता लग गया कि उस महान व्यक्ति को ज़हर दिया गया था और उनके बचने की कोई आशा नहीं थी। जब ऋषि दयानंद को इस बात का पता चला तो उन्होंने जगन्नाथ को अपने पास बुलाया और उसे कुछ रुपये देते हुए कहा, "समय रहते तुम नेपाल चले जाओ और अपनी जान बचा लो। अगर मेरे शिष्यों को इस बात का पता चल गया कि तुम मुझे भोजन में विष देते रहे हो तो वे तुम्हें मार डालेंगे।"

हर महापुरुष ने अपने जीवन में क्षमाशीलता की साक्षी दी है।

साध्वी टेरेसा की बात करते हैं। वह एक कान्वेंट में रहकर भलाई, पवित्रता और सेवा का जीवन जी रही थी, इसके कारण कुछ सिस्टरों में ईर्ष्या जाग उठी। कुछ ने टेरेसा की भलाई का अनुचित लाभ उठाया। यह एक आम शिकायत है। कई लोग मुझे कहते हैं, "आप क्षमाशील होने की शिक्षा देते हैं। लेकिन अगर हम हमेशा क्षमा करते रहें तो लोग इसका अनुचित लाभ उठाते हैं।" लेकिन टेरेसा इस बात का बुरा नहीं मानती थी बल्कि वह एक कदम और आगे जाती थी। जब कान्वेंट का

कोई और व्यक्ति उसका अनुचित लाभ उठाता तो वह खुश होती थी। सब उसको नीचा दिखाते, उस पर हँसते और उसका मज़ाक उड़ाते। उसके भोलेपन को लोग बेवकूफी का नाम देते, लेकिन वह इन बातों का बुरा नहीं मानती थी। वह अपने रास्ते चलती गई, जिसे वह "लघु मार्ग" कहती थी। उसका मानना था कि ईश्वर उसे तब ही स्वीकार करेगा जब उसका अहं बिल्कुल समाप्त हो जाएगा, जब वह अपने आपको बिल्कुल खाली कर लेगी। वह जानती थी कि अगर उसे ईश्वर को प्राप्त करना है तो उसे फ़ना होना पड़ेगा।

वह अपने कमरे को साफ-सुथरा रखना चाहती थी। लेकिन उसकी अनुपस्थिति में कुछ लोग उसके कमरे में मिट्टी और कचरा डाल देते। वह इसे प्रभु की इच्छा मानकर स्वीकार कर लेती और कभी भी शिकायत का शब्द उसकी ज़ुबान पर नहीं आया।

उसको अपना एक छोटा-सा पानी का जग बहुत प्रिय था। किसी ने उसे उठा लिया और उसकी जगह एक गंदा सा, टूटा दरार पड़ा जग रख गया। उसने मन ही मन कहा, "यह और भी अच्छा हुआ, इससे मुझे चीज़ों के मोह से मुक्ति मिल जाएगी।"

एक शाम उसका लैंप भी वहाँ नहीं था और वह पढ़ नहीं पा रही थी । वह अँधेरे में बैठकर बिल्कुल कुछ न करने का मज़ा लेती रही। केवल चुपचाप बैठी रही।

जब वह किसी के लिए कुछ काम करती तो अपनी तारीफ सुनना उसे बिल्कुल पसंद नही था। दूसरों के दोष वह खुशी से अपने सिर ले लेती। वह बड़ों को कभी बताने की कोशिश नहीं करती थी कि दोषी कोई और है। एक बार उस पर एक फूलदान तोड़ने का झूठा आरोप

लगा। उसने ज़मीन चूमकर वायदा किया कि आगे से वह ज़्यादा ध्यान से काम किया करेगी, वहाँ की एक सिस्टर (नन) उसके साथ बड़ा रूखा व्यवहार करती थी। लेकिन टेरेसा खुशी-खुशी उसके काम करती थी। टेरेसा ने धैर्य से उस सिस्टर की बातों को सहन किया। आखिरकार वह कठोर सिस्टर उसकी सबसे प्रिय सहेली बन गई।

उसे कोई दुःख पहुँचाता तो वह उसे क्षमा कर देती। जो उसके साथ दुश्मनी करते थे, उन्हें भी वह प्यार करती, क्योंकि उन्हें भी वह ईश्वर की संतान मानती थी।

वह क्षमाशीलता की राह पर चली और साध्वी बन गई। आज दुनिया भर के आध्यात्मिक पुरुषों के आकाश में वह एक सितारा बनकर चमक रही है।

एक रात श्री रमण महऋषि के आश्रम में कुछ चोर घुस आए। उनका ख्याल था कि आश्रम में उन्हें बहुत-सा धन और महँगी चीज़ें मिलेंगी, क्योंकि महऋषि के पास बहुत से धनवान लोग आते थे। लेकिन चोरों को चुराने लायक कुछ न मिला। उन्हें निराशा भी हुई और क्रोध भी आया।

वे अंदर एक कमरे में गए तो देखा कि महऋषि ध्यान में मग्न हैं। बड़े कठोर शब्दों में उन्होंने महऋषि से पूछा कि उन्होंने अपना धन तथा कीमती चीज़ें कहाँ रखी हैं, कोई जवाब न मिलने पर उन्होंने महऋषि को मारना शुरू किया।

महऋषि के कुछ शिष्य यह शोर-शराबा सुनकर उनके कमरे की ओर भागे और वहाँ का दृश्य देखकर हैरान रह गए। उन्हें देखकर चोर वहाँ से भाग खड़े हुए। अपने पूज्य गुरु का हाल देखकर शिष्यों का खून

खौल उठा। उन्होंने डंडे, पत्थर और जो चीज़ भी हाथ लगी, उठा ली और उन दुष्टों का पीछा करने की सोची।

महऋषि बोले, "उनका पीछा मत करो। एक मिनट रुककर सोचो। अगर तुम्हारे दाँत तुम्हारी ज़ुबान को काट लें तो क्या तुम दाँतों को निकालकर बाहर कर दोगे?"

शिष्यों ने एक गहन आध्यात्मिक सबक सीखा कि हम सब मानव–एक परम सत्ता के साथ, एक दूसरे से जुड़े हुए हैं। जब दूसरे लोग भी हमारा ही हिस्सा हैं और हर कोई उस परम सत्ता का हिस्सा है तो फिर क्रोध और बैर के लिए कहाँ स्थान है?

हमारे कर्मों के फलस्वरूप हम में घृणा और द्वेष, क्रोध और कटुता पैदा होते हैं। जब हम घृणा इत्यादि के वश में हो जाते हैं तो अपने दुश्मन समझने वाले लोगों के कर्मों के साथ जुड़ जाते हैं। इस प्रक्रिया से बचने के लिए हमें चाहिए कि घृणा का बदला प्रेम से दें, क्रोध का बदला उपकार से, क्रूरता का बदला करुणा से दें।

गुरु रामदास भिक्षा माँगने निकले। एक झोंपड़ी के द्वार पर उन्होंने आवाज़ लगाई, "माँ भिक्षा दो।"

घर की मालकिन फर्श पर पोछा लगा रही थी। वहीं से बोली, "चले जाओ। मैं व्यस्त हूँ और तुम्हें देने के लिए मेरे पास कुछ नहीं है।" संत गिड़गिड़ाया, "कृपा करके कुछ दे दो, कुछ भी।"

वह स्त्री क्रोध से भरकर बाहर आई और बोली, "अरे निकम्मे भिखारी तुम हर रोज़ ईमानदार, मेहनती लोगों को क्यों तंग करते हो?"

गुरु रामदास ने कहा, "माता, आप ठीक कहती हैं। लेकिन मुझे भिक्षा ज़रूर दें।"

उस स्त्री ने क्रोध में आकर बालटी का गंदा पानी और पोंछे का कपड़ा उन पर गिरा दिया और चिल्लाई, "यह लो और यहाँ से चलते बनो।"

पोंछे का कपड़ा लेते हुए संत ने आशीर्वाद दिया, "प्रिय माता भगवान तुम्हारा भला करें।" फिर नदी किनारे जाकर स्नान किया और घर चले गए। उस दिन उन्होंने कुछ नहीं खाया और ध्यान करने के लिए बैठ गए।

जब वे समाधि से बाहर आए तो देखा कि शाम हो गई थी। वे दैनिक आरती की तैयारी करने लगे तो देखा कि दीये में बाती नहीं थी। उनकी नज़र पोंछे के कपड़े पर पड़ी जो उस स्त्री ने उन पर फेंका था। उन्होंने उस कपड़े के छोटे-छोटे टुकड़े फाड़कर बहुत सी बत्तियाँ बना लीं। जब आरती हो गई तो उन्होंने सोचा, "ईश्वर कितना कृपालु है। गंदे कपड़े के टुकड़े से, उज्ज्वल जलने वाली बत्तियाँ बन गई हैं।। ईश्वर करे उस स्त्री का भला हो।"

साधु वासवानी हमेशा घृणा के बदले प्रेम दिया करते थे। किसी ने पूछा, "आप ऐसा क्यों करते हैं?" बड़े शांत स्वर में उन्होंने जवाब दिया, "हर इंसान वही देता है जो उसके पास होता है। ईश्वर ने मुझे प्रेम दिया है, और कुछ नहीं।"

जो लोग साधु वासवानी पर दोष लगाते थे, उन्हें भी वे आशीर्वाद देते थे। जो उन्हें कष्ट देते थे, साधु वासवानी उनके लिए प्रार्थना करते थे। वे इच्छा, कामना और दुर्भावना से मुक्त थे। वे शांति की मूर्ति थे।

साधु वासवानी का एक सहकर्मी चाहता था कि उसकी भतीजी मीरा स्कूल की प्रधानाचार्य बन जाए। ऐसा न हो सका और वह आदमी

साधु वासवानी के खिलाफ हो गया। उसने साधु वासवानी और उनकी संस्था के बारे में बहुत-सी झूठी बातें एक समाचार-पत्र में छपवाईं और उसकी बहुत-सी प्रतियाँ खरीदीं और उन्हें साधु वासवानी के सत्संग में जाने वाले लोगों में बाँट दीं। साधु वासवानी चुप रहे। अपनी सफाई में उन्होंने कुछ नहीं कहा।

कुछ सालों के बाद उस आदमी को अपनी गलती का एहसास हुआ। वह साधु वासवानी के पास जाकर उनके चरणों पर गिर पड़ा, और छोटे बच्चे की तरह फूट-फूटकर रोते हुए बोला, "आप ईश्वर के सच्चे भक्त हैं। मैं पापी हूँ। मैंने आपके खिलाफ झूठी बातें फैलाईं। लेकिन आपने मेरे खिलाफ एक शब्द नहीं कहा। कृपया इस पापी को क्षमा करें और बताएँ कि पश्चाताप के तौर पर मुझे क्या करना चाहिए?"

साधु वासवानी ने उसे उठाकर प्रेम से गले लगाते हुए कहा, "भाई रोओ मत। अगर तुम पछता रहे हो तो जो गलत किया है, उसे भूल जाओ और ईश्वर को सदा याद रखो।"

कुछ लोग साधु वासवानी के पास एक लड़की को लेकर आए। वह लड़की जीवन की राह में भटक गई थी। उन्होंने लड़की की तरफ देखा। उसकी आँखों में पश्चाताप के आँसू थे। उन्होंने अपने रूमाल से उसके आँसू पोंछे और कहा, "जो ईश्वर भूल चुका है, तुम भी उसे भुला दो। अब जाकर नया जीवन शुरू करो।" उस लड़की का जीवन बदल गया। हर शाम वह सत्संग में आती और घर जाने से पहले साधु वासवानी से मिलकर, और उनका आशीर्वाद लेकर जाती। वे भी उसे ऐसे प्रेम से मिलते, जैसे माँ अपने बच्चे से मिलती है।

पाप और पापियों के बारे में बात करते हुए साधु वासवानी ने कहा, "डेविड ने बहुत से पाप किए थे। फिर भी बाइबल में उसे "ईश्वर का नेक बंदा" कहा जाता है। डेविड के दिल में नम्रता थी।"

साधु वासवानी ने यह भी कहा, "जो आज पापी है, वह कल संत बन सकता है। उसे हृदय से पवित्र प्यार दो और वह बुराई को छोड़कर अच्छाई की राह पर वापिस लौट आएगा।"

सुझाव न. 1

जब आप को कोई दु:ख दे, उसी समय ईश्वर से प्रार्थना करें

ईश्वर को प्रार्थना करने से, हमें क्षमा करने की प्रेरणा मिलती है। जिस प्रकार हम ईश्वर से क्षमा की आशा करते हैं, हमें भी क्षमा करना सीखना चाहिए।

जब हम दु:ख या दर्द से पीड़ित होते हैं, उस समय हम प्रेम तथा करुणा के स्त्रोत से अलग होते हैं। उस समय हमारी भावना होती है कि हम दूसरे व्यक्ति को दु:ख दें, ताकि उसे भी उतनी पीड़ा हो जितनी उसने हमें दी है। इस प्रकार हमारे जीवन में दु:ख-दर्द का विषैला चक्र बन जाता है।

इस प्रकार की नकारात्मक स्थिति केवल ईश्वरीय प्रेम की शक्ति द्वारा ही काबू में लाई जा सकती है। इसलिए मैं अपने मित्रों को सलाह देता हूँ कि वे ईश्वर से यह प्रार्थना करें, "हे ईश्वर! इस दु:ख को भुलाने में मेरी मदद करो, ताकि यह मेरे हृदय में घर करके एक दु:खदायी ज़ख्म न बन सके।"

ईश्वर की कृपा आपकी नकारात्मक और विनाशकारी भावनाओं को प्रेम में बदल देती है। अपने प्रति किसी और की मनोवृत्ति या भावनाओं पर आपका कोई वश नहीं, लेकिन अपनी मनोवृत्ति पर

आपका वश है। आप कैसा अनुभव चाहते हैं, इसका आप चुनाव कर सकते हैं।

जब हम ईश्वर के साथ संबंध मज़बूत करते हैं तो हम उसकी अपार दया और करुणा से जुड़ जाते हैं। फिर इस दया और करुणा द्वारा हम भी उन लोगों को क्षमा कर सकेंगे जिन्होंने हमारे साथ बुरा किया है।

जब कोई हमें तंग करता है, तो उस पर क्रोध आना स्वाभाविक ही है। हम कहते हैं, "जिसने मुझे इतना दुःख दिया है, मैं उसे क्षमा कैसे कर सकता हूँ?"

मेरी सलाह है कि आप स्वयं को, अपने अहं को, एक तरफ रखकर ईश्वर की क्षमाशीलता को अपने अंदर से बहने दें। ईश्वर के लिए क्षमा कर दें। आपके द्वारा उसकी क्षमाशीलता को बहने दें।

जब आप खुद को ईश्वरीय प्रेम और क्षमाशीलता का साधन बना लेते हैं, आपका जीवन बदल जाता है। आप का दिल नर्म हो जाता है और सब नकारात्मक भावनाओं को दूर करके निर्मल हो जाता है। आपको बड़ी राहत व शांति मिलती है क्योंकि अब आप क्रोध, घृणा, बैर और कटुता के विनाशकारी प्रभावों से मुक्त हैं। आप स्वयं इन विनाशकारी भावनाओं से मुक्त नहीं हो सकते। ईश्वर ही आपको रास्ता दिखाता है, दूसरों को क्षमा करना सिखाता है, जैसे वह आपको क्षमा करता है।

Susan Smith Jones ने एक पुस्तक लिखी है, "Choose to live Peacefully." इसमें उन्होंने लिखा है क्षमाशीलता जीवन बदल देती है। यदि आप क्षमा करना चुनते हैं तो आपके लिए राहत व स्वास्थ्य, सम्पन्नता और विपुलता, खुशी और आंतरिक शांति के द्वार खुल जाते

हैं।

'A Course on Miracles' नामक पुस्तक तीन हिस्सों में छपी है। इन पुस्तकों में आध्यात्मिक तथा शांति से परिपूर्ण जीवन की बातों का वर्णन किया गया है। इन में बताया गया है कि किस तरह क्षमाशीलता द्वारा हमारे मन को शांति मिलती है, दर्द दूर होता है और हमें ग्लानि तथा द्वेष की बेड़ियों से मुक्ति मिलती है। क्षमाशीलता हमें ईश्वर से जोड़ती है और क्षमाशीलता से चमत्कार होते हैं।

अंग्रेज़ी भाषा के प्रसिद्ध लेखक Charles Dickens ने अपनी पुस्तक "Tale of two Cities" में लिखा है कि एक आदमी जेल में इतने साल रहा कि लोग उसको लगभग भूल ही गए। जेल में रहते हुए वह हमेशा अपनी कोठरी से मुक्त होने की कामना करता था। आखिरकार उसे रिहा किया गया। अँधेरी कोठरी से निकालकर उसे बाहर सुंदर, उजली धूप में लाया गया।

एक क्षण के लिए उसने नीले आकाश और चमकते सूरज की तरफ देखा लेकिन उसकी आँखें चौंधिया गईं। अपने हाथों से आँखों को ढकते हुए वह वापिस अपनी कोठरी में चला गया। उसे अँधेरे की इतनी आदत पड़ चुकी थी कि अब वह रोशनी का सामना नहीं कर पा रहा था। उसे अपनी अँधेरी कोठरी एक सुरक्षित स्थान लग रही थी।

इस आदमी की तरह, हम अपनी नकारात्मक भावनाओं से बंधे हुए हैं। इन बंधनों में हम अपने आपको सुरक्षित समझते हैं। हमें चाहिए कि इन बेड़ियों को काट फेंकें लेकिन इन बेड़ियों से मुक्ति केवल उन लोगों को मिल सकती है, जो खुद को ईश्वर के आगे अर्पण करना चाहते हैं।

कुरान शरीफ का कहना है, "ईश्वर लोगों में परिवर्तन तब लाता

है, जब लोग खुद अपने में बदलाव लाते हैं।"

इसलिए, पहला कदम तो हमें ही उठाना है। फिर ईश्वर हमें हिम्मत देगा कि हमारे दिल में करुणा और क्षमाशीलता की भावना उत्पन्न हो।

क्षमाशीलता और शांति की राह पर पहला कदम लेना ही सबसे मुश्किल है। एक बार हम पहला कदम उठा लें तो ईश्वर की कृपा से हमारे दुःख-दर्द दूर हो जाएँगे। ईश्वर हमें शक्ति देगा कि हम बीती बातों को भुला दें और वर्षों से जमा हुआ कटुता और बैर का बोझ अपनी आत्मा से उतार फेंकें।

Saint Vincent de Paul एक चर्च में पादरी थे। एक बार उन्हें चर्च के किसी काम के लिए कुछ लोगों को नियुक्त करने के लिए उनका इन्टरव्यू लेना था। एक दिन एक माँ अपने बेटे की नौकरी के बारे में बात करने आई। उस लड़के के प्रमाण-पत्र इत्यादि देखकर पादरी को वह लड़का उस नौकरी के अयोग्य लगा और उन्होंने बड़ी नम्रता से माँ को बता दिया।

माँ को इतना क्रोध आया कि उसने पास में रखी एक भारी चीज़ उठाई और पादरी के सर पर दे मारी और दरवाज़े को खटाक् से बंद करती हुई, वह कमरे से बाहर चली गई।

पादरी ने शांतिपूर्वक अपने चेहरे से खून पोंछा। उनके साथ एक और पादरी खड़ा था। यह दृश्य देखकर डर के मारे उसकी बोलती बंद हो गई। Vincent ने मुस्कुराते हुए कहा, "कितनी हैरानी की बात है कि माँ की ममता इस हद तक जा सकती है।" खैर ये तो एक संत था जिसने ऐसा कहा। लेकिन हम भी उसके कदमों पर चलकर दैनिक

जीवन की निराशाओं और नाराज़गियों से ऊपर उठें और जो लोग दुःख देते हैं, वे क्षमा माँगें, उससे पहले ही उन्हें क्षमा कर दें।

जब हमें क्षमा करना असंभव लगे तो ईश्वर से प्रेरणा और शक्ति माँगें। वह तो क्षमा का सागर है।

अगर आपको लगता है कि आपके मन में किसी के खिलाफ क्षमा न करने का भाव विष घोल रहा है, तो मैं आपको एक सरल सा तरीका बताता हूँ। यह सुझाव मैं सबको देता हूँ। अपने घर में एक शांत कमरा या शांत कोना रख लें, ताकि जब भी आप नकारात्मक भावनाओं से विचलित हों, वहाँ जा सकें।

जब आपको कोई दुःख देता है और आप उसे क्षमा करके भुला नहीं सकते तो आप उस शांत कोने में बैठकर थोड़ी देर चुपचाप ध्यान करें। अपना दुःख-दर्द ईश्वर के आगे खोल दें और उससे प्रार्थना करें कि वह आपके ज़ख्मी हृदय व आत्मा पर अपनी करुणा की राहत बरसाएँ। अगर आप सच्चे हृदय से ऐसा करेंगे, तो बहुत जल्दी आपको ऐसा लगेगा कि आप उसकी कृपा और आशीर्वाद में नहा चुके हैं। इस कृपा की बौछार में अपने आपको निर्मल और पवित्र होने दें और ऐसा अनुभव करें कि आपकी सारी नकारात्मक भावनाएँ धुल गई हैं। जब आप अपने को स्वच्छ पाएँ, तो जिस व्यक्ति ने आपको दुःख पहुँचाया है, उसके लिए प्रार्थना कीजिए। ईश्वर से कहें कि वह उस व्यक्ति पर कृपा करें। उस व्यक्ति का भला करें, तब आपको क्षमा करना आसान लगेगा और थोड़ी देर पहले जो बातें आपके जीवन को विषमय बना रही थीं, उन्हें आप भूल सकेंगे।

सुझाव न. 2
किसी संत या अपने गुरु के आगे, अपने दिल का बोझ हलका कर दें।

जिस व्यक्ति ने आपको दुःख दिया है और आपको उसके प्रति वैमनस्य है, ऐसे व्यक्ति को कभी-कभी पत्र लिखने से लाभ होता है। उस पत्र में अपने मन की सारी भड़ास निकाल दें। अपने अंदर का सारा ज़हर उसमें उगल दें। आप उसमें अधिक से अधिक कठोर शब्द लिखें। ऐसा करने के बाद पत्र को फाड़कर टुकड़े-टुकड़े कर दें।

पत्र फाड़ते हुए प्रार्थना करें कि जिसने आपको दुःख दिया है उस पर ईश्वर की कृपा हो।

Abraham Lincoln के पास एक आदमी आया और कहा कि किसीने उसके साथ इतना बुरा व्यवहार किया है कि वह अपना दुःख भूल नहीं पा रहा। Lincoln ने कहा, "तुम उसे एक पत्र लिखो और जो कुछ उसके विरुद्ध तुम्हारे मन में है, सब लिख डालो। जितना कठोर पत्र लिख सकते हो, लिखो।"

उस आदमी ने बड़े कठोर शब्दों में पत्र लिखा और Lincoln के पास जाकर बोला, "आपकी सलाह के अनुसार मैंने पत्र लिख दिया है। अब इसे उस व्यक्ति को भेज दूँ?" Lincoln ने कहा, "बिल्कुल नहीं, अब इस पत्र के टुकड़े-टुकड़े करके आग में डाल दो और सारी बात

94

भूल जाओ।"

जब हम अपने मन का बोझ उतार देते हैं तो भुलाना आसान हो जाता है। इसीलिए मैंने पत्र लिखकर फाड़ डालने वाला तरीका सुझाया था। अगर किसीने आपको ऐसी चोट पहुँचाई है कि आप उस चोट से उभर नहीं पा रहे, तो किसी संत या धर्मात्मा के पास जाकर अपना दिल हलका कर लें। अपना सारा हाल उन्हें सुनाएँ। इसी तरह अगर आपका मन ग्लानि से भरा है तो भी आप यही तरीका अपनाएँ।

अपने पड़ोसी से प्रेम करो। इस विषय पर एक पादरी उपदेश दे रहा था। वह इस बात पर ज़ोर दे रहा था कि सच्चा ईसाई वह है जो अपने मन में किसी के प्रति क्रोध, बैर और कटुता न रखे।

उपदेश के अंत में वहाँ के एक अन्य पादरी की पत्नी उसके पास गई। उसकी आँखों में आँसू थे। वह बोली, "मैं एक सच्ची ईसाई बनना चाहती हूँ, लेकिन हमारे चर्च की एक मुख्य सदस्या श्रीमती 'क' के प्रति मेरे मन में जो द्वेष है, मैं उसे दूर नहीं कर पा रही हूँ।"

पादरी ने कहा, "मेरी सलाह है कि तुम तुरंत उसके पास जाओ। बिना कोई सफाई दिए उसके आगे सच्चाई को कबूल करो। उसे बताओ कि उसके प्रति तुम्हारे मन में दुर्भावनाएँ थीं, फिर नम्रता से उससे क्षमा माँग लो।"

"लेकिन मैं ऐसा नहीं कर पाऊँगी" उस स्त्री ने काँपकर कहा "यह मैं कैसे कर ---- वह क्या कहेगी?"

पादरी ने उसे अपने साथ थोड़ी देर के लिए प्रार्थना करने को कहा। आँसू भरी आँखों से उस स्त्री ने प्रार्थना की और फिर नम्रतापूर्वक कहा, मैं उस महिला के पास जाकर श्री ईशा की खातिर उससे क्षमा मागूँगी।

अगली सुबह वह महिला श्रीमती 'क' के घर गई और उसके प्रति अपनी कटुता को कबूल किया और क्षमा उससे माँगी।

श्रीमती 'क' रोने लग गई और बोली, "तुम बहुत अच्छी और प्रेममयी हो। क्षमा तो मुझे तुमसे माँगनी चाहिए क्योंकि मैंने भी अपने मन में तुम्हारे प्रति दुर्भावनाएँ पाल रखी थीं।"

इन दो महिलाओं की दुश्मनी के बारे में सब को पता था। अब उनकी सुलह भी चर्च में सबकी चर्चा का विषय बन गई। यह बात सबके लिए एक उदाहरण बन गई। लोगों के लिए एक प्रेरणा बन गई।

पादरी, संत और महात्मा हमें सही रास्ता भी बताते हैं और उस पर चलने के लिए जिस आध्यात्मिक साहस की ज़रूरत होती है, वह भी देते हैं।

एक महात्मा के दो शिष्य थे, दोनों व्यापारी थे। दोनों की बिजली के सामान की दुकानें थीं, जो सड़क के आमने-सामने थीं। जब उन्होंने व्यापार शुरू किया तो उनकी आपस में मित्रता थी। व्यापार में भी उन दोनों के बीच अच्छी समझदारी थी। लेकिन धीरे-धीरे वह समझ कटु प्रतिद्वंद्वता और दुश्मनी में बदल गई। अब वे अकसर एक दूसरे के व्यापार को नुकसान पहुँचाने की कोशिश में लगे रहते।

फिर एक समय आया जब उनमें से एक को इन सब हरकतों पर पछतावा हुआ और शर्म भी आई। लेकिन बीते समय को वापिस कैसे लाए? उस बिगड़ी हुई स्थिति में सुधार कैसे लाए?

उस असमंजस की हालत में वह अपने गुरु के पास गया और कहा, "गुरुजी मुझे समझ में नहीं आ रहा कि इस स्थिति से कैसे निकला जाए। कृपा करके आप मुझे सही राह बताएँ।"

गुरु ने कहा, "मेरे पास एक सरल सा उपाय है। क्या तुम उसे व्यवहार में ला सकोगे?" वह व्यापारी बोला, "आपके आशीर्वाद से मैं उसे कर पाऊँगा और अवश्य करूँगा। मैं बस, यह जानता हूँ कि यह स्थिति मैं और सह नहीं सकता। किसी तरह से भी मैं अपने प्रतियोगी से मेल-मिलाप करना चाहता हूँ।"

गुरु बोले, "जब भी कोई ग्राहक तुम्हारी दुकान पर आकर कोई ऐसी चीज़ माँगे, जो तुम्हारे पास नहीं है, तो उसे प्रतिद्वन्द्वी की दुकान पर भेज दो।"

अगले दिन से ही उस आदमी ने वैसा करना शुरू कर दिया। यदि उसके पास कोई चीज़ न होती, तो वह ग्राहक को सामने की दुकान पर भेज देता। बहुत जल्दी ही उसका प्रतिद्वन्द्वी इस बात को समझ गया। जल्दी ही उनकी दुश्मनी समाप्त हो गई और वे फिर से पक्के दोस्त बन गए।

एक आदमी अपने गुरु के पास गया और कहा, "मेरा जीवन अँधकार में डूब गया है। लगता है कि ईश्वर मुझे भूल गया है। कुछ समय पहले मैं हमेशा खुश रहता था। लेकिन अब ईश्वर का दिया यह उपहार मैं खो चुका हूँ।"

गुरु ने उसे अपना दुःख सुनाने को कहा, उसने अपनी बेचैनी की सारी बात बताई। उसके पिता की वसीयत को लेकर उसके बड़े भाई ने उसे धोखा दिया था। क्रोधित और विचलित होकर इस आदमी ने कसम खाई थी कि वह अपने भाई को कभी माफ नहीं करेगा। अब वह भाई जीवन की अंतिम साँसें गिन रहा था। उसकी पत्नी और पुत्र पहले ही मर चुके थे। अब वह बिल्कुल अकेला था। इस आदमी ने अपने

बड़े भाई को क्षमा न करने की कसम खाई थी, इसलिए उसका, भाई के पास जाने का मन नहीं था।

गुरु ने बड़े धीरज से सारी बात सुनकर, अंत में कहा, "मैं तुमसे आग्रह करता हूँ कि तुम अपने भाई के पास जाओ और उसे क्षमा कर दो।"

गुरु के कहे अनुसार वह आदमी अपने भाई के पास गया और बड़े सुंदर तरीके से उनका मेल-मिलाप हो गया। कुछ दिनों के बाद बड़ा भाई शांतिपूर्वक परलोक सिधार गया और वह आदमी द्वेष के विषमय बोझ से मुक्त हो गया। भाई से कोई दुश्मनी न रही। उसने सच्चे दिल से शोक मनाया।

कई लोग मुझसे पूछते हैं, "गुरु के आगे कुछ कबूल करने में डर लगता है। उस डर पर कैसे विजय पा सकते हैं?" मेरा सुझाव यह है। अगर आपको ऐसा लगे कि प्रत्यक्ष रूप से गुरु के सामने आप अपने मन की बात नहीं कह सकते तो ऐसा करें, गुरु की एक तस्वीर अपने कमरे में रखकर दरवाज़ा बंद करके गुरु के सामने मन की सारी बात कह दें। सिर्फ चुपचाप दिल ही दिल में नहीं बल्कि मुँह से बोलकर, शब्दों में अपने भाव प्रकट करें, जो सुने जा सकें।

अपने इष्ट देवता के आगे भी हम अपने मन की बात कह सकते हैं। हम श्रीकृष्ण, ईसा मसीह, गुरु नानक, महात्मा बुद्ध, ज़ोरोस्टर या बाहु-उ-लाह या और कोई महापुरुष जो आपको सत्य या ईश्वर का रूप लगे-उसके आगे सिर झुकाकर अपनी बात कह सकते हैं।

तस्वीर के सामने बैठकर अपने अंदर ईश्वर की उपस्थिति को महसूस कीजिए। फिर उसे बताएँ, "मेरे सामने यह विपदा आ गई है।

मैंने यह किया है या मुझे अमुक व्यक्ति से द्वेष है। मुझे आपकी कृपा, आपकी शक्ति, आपकी बुद्धि और आपकी पवित्रता चाहिए। उनके बिना मैं कुछ भी नहीं, मैं असहाय हूँ और कुछ शक्तियाँ मुझे गलत दिशा में खींच रही हैं। कृपया आप इस स्थिति में मेरे साथी बनें, मेरे सहायक रहें।"

इससे आपका डर और झिझक दूर हो जाएगी और गुरु से बात करने और अपनी गलती को कबूल करने का हौसला मिलेगा।

एक बड़ा अच्छा आध्यात्मिक अभ्यास है, जो मैं अपने सब मित्रों को बताता हूँ। हर रोज़, एक निश्चित समय, एक निश्चित स्थान पर चुपचाप बैठकर, पिछले चौबीस (24) घंटों में किए अपने कर्मों पर विचार करें। आप पाएँगे कि आपने बहुत कुछ ऐसा किया जो नहीं करना चाहिए था और बहुत कुछ ऐसा नहीं किया जो आपको करना चाहिए था। फिर उन गलतियों को न दोहराने की शक्ति माँगें। इस अभ्यास को हर रोज़ साधना की तरह करें। आप पाएँगे कि आपका जीवन बेहतर हो रहा है।

रुसी लेखक Fyodor Dostoevsky का एक उपन्यास है The Brothers Karamazov इस में उन्होंने एक आदमी का चरित्र दिखाया है जो वर्षों पहले की हुई हत्या की बात अपने मन में छुपाकर रखता है और एक दिन उसे कबूल कर लेता है। अपनी ग्लानि से मुक्त होकर वह कहता है, "कई सालों के बाद मुझे सुख-शांति मिली है। मानो मेरे हृदय में स्वर्ग उतर आया है। अब मैं अपने बच्चों को प्यार करने का साहस कर सकता हूँ।"

इन शब्दों में कितनी राहत और स्वतन्त्रता की भावना झलकती है।

ग्लानि अँधेरे में, हृदय के गुप्त स्थानों में रहती है, जहाँ बुद्धि और समझदारी का प्रकाश नहीं पहुँच पाता। जब इस भावना को बाहर लाया जाता है तो ऐसा लगता है जैसे किसी भूत को निकाल, बाहर किया गया हो, फिर इसका हम पर दबाव नहीं रहता। जब हम अपनी ग्लानि को दबाते हैं तो वह और भी बढ़ जाती है। जब हम अपने मुँह से सब कुछ कह देते हैं और मन का बोझ उतार देते हैं, जब हम अपनी गलती मानकर अपना अपराध स्वीकार लेते हैं तो हमारा जीवन प्रकाश से भर जाता है और हम दुःख से मुक्त हो जाते हैं।

किसी गुरु या महात्मा के सामने अपने मन की उलझन कहने से, क्षमा करने और सुलह करने के सुखद अनुभव का रास्ता तैयार होता है। अगर हम अपने आपको इस सुखद अनुभव से वंचित रखते हैं तो हम अपनी ग्लानि और पीड़ा से चिपके रहते हैं।

सुझाव न. 3

स्वयं को क्षमा करना सीखें-अपने हृदय पर ग्लानि का बोझ न ढोते रहें

कई लोग अपने हृदय पर ग्लानि का भारी बोझ लिए फिरते हैं, जो हमारे मन की शांति लूट लेता है। कोई भी व्यक्ति परिपूर्ण नहीं है। हम सब ने गलतियाँ की हैं, चाहे वर्तमान में या अतीत में, हमें उसके लिए पश्चाताप करना चाहिए। और हो सके तो गलती को सुधार लेना चाहिए। हमें बुद्धि और बल के लिए प्रार्थना करनी चाहिए ताकि हम उन गलतियों को फिर न दोहराएँ। उसके बाद हमें वह सब भुला देना चाहिए।

एक पति ने मुझे बताया कि पन्द्रह साल से वह और उसकी पत्नी आपस में हँसी-खुशी जीवन गुज़ार रहे थे। अचानक पता नहीं क्या हुआ कि पत्नी अलग-थलग, उदास और हताश रहने लगी। कभी-कभी वह उसे एक कोने में बैठकर रोते हुए पाता। इससे सारे घर का वातावरण खराब हो गया था। उसने अपनी पत्नी से बात करनी चाही पर वह कुछ बताती ही नहीं।

मैं उसकी पत्नी से अलग से मिला और पता लगा कि वह ग्लानि से पीड़ित थी। मैंने उससे कहा कि ईश्वर सबसे बड़े क्षमाशील हैं। वह

हमें क्षमा करता है और हमें उस क्षमा को स्वीकार करना सीखना चाहिए। हमें खुद को भी क्षमा कर देना चाहिए।

वह स्त्री भगवान श्रीकृष्ण की भक्त थी। मैंने कहा, "जब तुम घर में अकेली हो तो श्रीकृष्ण के चरण कमलों में बैठकर उन्हें जो हुआ है वो सब कुछ बताना। सिर्फ इतना ही कहना काफी नहीं, "भगवान, तुम तो सर्वज्ञ हो, जो हुआ है, सब जानते हो।" जो कुछ हुआ है, सब विस्तार से उन्हें बताना और फिर भगवान श्रीकृष्ण से क्षमा माँगना और सबसे ज़रूरी बात है कि फिर सब कुछ भुला देना।

उसने पूछा, "मैंने जो गलती की है, उसे सुनकर क्या श्रीकृष्ण मुझे क्षमा कर देंगे?"

मैंने कहा, "श्रीकृष्ण सब पाप क्षमा कर देते हैं। उनकी शक्ति से सब पाप हरे जाते हैं और हम उनसे मुक्त हो जाते हैं।"

यह श्रीकृष्ण का वायदा है। गीता में उन्होंने कहा है, "जो अनन्य भाव से मेरी शरण में आता है, उसे मैं सब पापों और कष्टों के बंधनों से मुक्त कर देता हूँ। इसमें ज़रा भी संशय नहीं।"

जैसे उस महिला से कहा गया था, उसने वैसा ही किया। कुछ दिन बाद मुझे वह पति-पत्नी मिले और पत्नी के चेहरे पर मुस्कान देखकर मुझे बड़ी खुशी हुई। वह बोली, "सब ठीक हो गया, सब ठीक हो गया।"

हम में से कई लोग ऐसे हैं, जिन्हें दूसरों को क्षमा करना आसान लगता है, पर उन्हें स्वयं को क्षमा करना असंभव लगता है। रोम का दार्शनिक Cato, इस बात को स्वीकार करते हुए कहता है, "मैं हर किसी की गलतियाँ क्षमा कर सकता हूँ, पर अपनी नहीं।"

फिर भी, क्षमाशीलता की भावना का विकास करने के लिए, खुद को क्षमा करना सीखना पहला कदम है। अगर आप खुद को क्षमा नहीं कर सकते तो दूसरों को कैसे करेंगे?

खुद को स्वीकार करने के लिए खुद को माफ करना बहुत ज़रूरी है। इसका मतलब यह भी नहीं कि हम अपने धार्मिक और नैतिक मूल्यों को भुलाकर, अपने सब कर्मों को सही ठहराएँ, चाहे वे गलत हों या सही। इसका मतलब केवल इतना है कि हम जैसे हैं, वैसे ही खुद को स्वीकार करें। हमारे भीतर कई अवगुण हैं और थोड़े से गुण भी हैं।

कुछ लोग खुद के साथ कठोर होते हैं और स्वयं को क्षमा नहीं करते। मैं एक आदमी को जानता हूँ जिसके माता-पिता बहुत चाहते थे कि वह डॉक्टर बने, लेकिन वह बन नहीं सका। इसलिए आजीवन वह ग्लानि महसूस करता रहा। कई माताएँ जिनके बच्चे बिगड़ जाते हैं, तो वे स्वयं को क्षमा नहीं कर पाती हैं।

जब कोई विवाह टूटता है तो कई पत्नियाँ स्वयं को दोषी मानती हैं। कितनी अजीब बात है परन्तु हमारा स्वयं को स्वीकार करना, इस बात पर निर्भर करता है कि दूसरे हमें स्वीकारते हैं या नहीं।

किसी हद तक आत्म-आलोचना अच्छी बात है। लेकिन अगर यह हमारी चेतना के लिए, हमें एक कठोर व निर्दयी जेलर बना दे तो ये ठीक नहीं। तब तो ग्लानि को दूर कर, फिर से आत्म-ज्ञान, आत्म-स्वीकार और आत्म-मूल्य का विकास करने की कोशिश करनी चाहिए।

लोगों के पास खुद को क्षमा न करने के अनगिनत कारण हैं, ये व्यक्ति की संस्कृति, जाति, धर्म, लिंग या श्रेणी से पैदा हो सकते हैं। अधिकतर ईसाई धर्म के लोग तलाक को बुरा मानते हैं। Puritans लोग

ऐश व आराम करने को बुरा मानते हैं। अगर कोई बच्चा मर जाए, तो कई बार उसके माता-पिता अपना जीवित रहना अपराध समझते हैं। कई बार अमीर लोगों को इस बात की ग्लानि होती है कि उनके पास दूसरों से अधिक धन है। अफसोस की बात तो यह है कि कई गरीब लोग अपनी गरीबी के लिए खुद को दोषी मानते हैं।

ये सारे उदाहरण इस बात की ओर संकेत करते हैं कि हमें अपराध भावना सताती है क्योंकि हमने खुद जो अपने लिए मापदंड बनाए हैं, हम उन पर खरे नहीं उतरते या हमे कोई नैतिक गलती कर देते हैं। कारण कुछ भी हो, खुद को क्षमा करना बहुत ज़रूरी है।

खुद को क्षमा करने का मतलब यह नहीं कि अपने गलत व्यवहार को भी हम सही ठहराएँ या आप अपनी गलतियों के लिए पश्चाताप भी न करें। अपनी गलती का एहसास होना और उसके लिए पश्चाताप करना, राहत पाने का एक रास्ता है लेकिन पश्चाताप को, सारी ज़िंदगी के लिए एक बोझ बनाकर नहीं ढोना है। उससे मुक्त होकर अपने अतीत को भूलकर, भविष्य का सामना करते चलो।

Dostoevsky के प्रसिद्ध उपन्यास "अपराध और दंड" (Crime & Punishment) में नायक किसी की हत्या जैसा भारी अपराध कर बैठता है। पहले वह अपना अपराध मानने से इनकार कर लेता है, लेकिन डर और असुरक्षा की भावना से पीड़ित रहता है। धीरे-धीरे उसकी आत्म-ग्लानि इतनी बढ़ जाती है कि वह अपना अपराध स्वीकार करता है और सज़ा पाता है। उसकी सज़ा थी Siberia में पन्द्रह साल के लिए सख्त मेहनत की सज़ा, फिर भी वह स्वयं को क्षमा नहीं कर पाता। आखिर में वह ईश्वर के प्रेम और अनन्त दया को स्वीकार करता

है, जिससे उसे शांति मिलती है।

अगर किसी के मन में ग्लानि निरंतर बनी रहे तो वह मनुष्य आत्म-हत्या करने के बारे में सोचने लगता है। उसे लगता है कि उसे जीने का कोई अधिकार नहीं। लेकिन यह गलत विचार है, यह कायरता है। स्थिति से बचने का गलत रास्ता है।

अमरीका में कुछ न्यायालय अपराधियों को एक नए प्रकार की सज़ा देते हैं। उनसे समाज-सेवा या समाज के पिछड़ वर्ग के लोगों की सेवा का काम कराया जाता है। ऐसी सज़ा उनकी मानसिकता पर बड़ा अच्छा असर डालती है। उनमें आत्म-सम्मान बढ़ता है और उन्हें लगता है कि उनसे कोई भला काम हुआ। यह स्वीकार करना, उन्नति की ओर पहला कदम है। उनके अंदर के संघर्ष से उन्हें राहत मिलती है और वे खुद को क्षमा करना सीखते हैं।

किसी बुद्धिमान ने कहा है, "जो खुद को क्षमा नहीं कर पाता, वह दुःखी रहता है।"

जिस क्षण एक व्यक्ति खुद को क्षमा करके स्वीकार करता है, उसी क्षण उसके जीवन में एक नई शुरुआत होती है। एक नया जीवन शुरू होता है।

सुझाव न. 4
अपने मन में किसी के प्रति द्वेष न रखें। इससे आपको ही नुकसान होगा

अगर मैं किसी के प्रति राग या द्वेष रखता हूँ तो उस व्यक्ति को शायद मैं कुछ नुकसान न पहुँचाऊँ, लेकिन खुद को नुकसान ज़रूर पहुँचाऊँगा। बहुत से लोग दूसरों के प्रति द्वेष की भावना रखने के कारण खुद बीमारियों के शिकार होते हैं।

एक महिला को गठिया के कारण घुटनों में बड़ा तेज़ दर्द होता था। कोई दवा भी असर नहीं करती थी। उसका दर्द लगातार बढ़ता जा रहा था। एक दिन वह एक संत से मिली तो उन्होंने पूछा, "किसी के खिलाफ तुम्हारे मन में बैर की भावना तो नहीं?"

पहले तो वह स्त्री थोड़ा सा झिझकी, फिर बोली, "मेरी बहन ने मेरे साथ बहुत बुरा व्यवहार किया है, इसलिए उसके प्रति कटुता से मेरा खून खौलता रहता है।"

संत बोले, "तुम्हारा दर्द तभी ठीक होगा, जब तुम उसे क्षमा करके उसके साथ सुलह कर लोगी।"

पहले तो उसे ऐसा करना बड़ा मुश्किल लगा। पर बाद में वह अपनी बहन के पास गई। उससे गले मिलकर कहा, "जो हुआ, सो हुआ। उसे भूल जाओ। आओ, अब हम नई शुरुआत करते हैं।"

और वह, यह देखकर हैरान रह गई कि उसके घुटनों का दर्द गायब हो गया।

'A Course in Miracles' में सिखाया जाता है कि क्षमा न कर पाना ही सब बीमारियों की जड़ है। डॉक्टरी खोज करने वालों की भी यही राय है कि क्षमा न करने वाला स्वभाव ही सब बीमारियों को जन्म देता है।

जब हम किसी के बारे में कठोरता से राय बनाते हैं, जब हम किसी को घटिया ठहराते हैं या किसी की आलोचना करते हैं या किसी बात से ग्लानि महसूस करते हैं तो दूसरे से ज़्यादा हम खुद को दुःखी करते हैं। जब तक हम क्षमा नहीं करते, तब तक अतीत की कटुता हमें कचोटती रहेगी और अतीत बार-बार अपने आप को दोहराता रहेगा।

Emmet Fox का कहना है:– जब आप किसी के प्रति द्वेष रखते हैं तो आप उस व्यक्ति से बन्ध जाते हैं।

पूरे संसार में शायद एक इंसान ऐसा होगा जिससे आप घृणा करते हैं और वही एक इंसान है, जिसके साथ आप ज़्यादा जुड़े रहते हैं, एक ऐसी कड़ी द्वारा, जो लोहे की कड़ी से भी ज़्यादा मज़बूत है।

क्या आप अंदाज़ा लगा सकते हैं कि घृणा द्वारा किसी के साथ बन्धना कैसा होता है? घृणा की बेड़ियाँ आप दोनों को जकड़ लेती हैं। जब आप अपना द्वेष दूर हटाने से इनकार करते हैं और क्षमा भी नहीं करना चाहते तो आप अपने जीवन और अपनी भावनाओं पर नियंत्रण खो देते हैं, और विनाशक शक्ति से जुड़ जाते हैं।

अगर आप स्वयं को द्वेष से मुक्त कर सकते हैं और क्षमा करना सीख लेते हैं तो अपने जीवन की लगाम दूसरे के हाथ में न देकर, खुद अपने हाथ में रखते हैं। क्षमा से हृदय परिवर्तन होता है। क्षमा करने से

नया जीवन मिलता है।

क्षमाशीलता दुर्बलता की निशानी नहीं है। ऐसा सोचना कि लोग हमें जान-बूझकर धोखा या दुःख नहीं देते-इसके लिए मानसिक बल, हिम्मत और उदारता चाहिए।

क्षमाशीलता आपके जीवन में गहरी शांति लाती है। यह आपके रिश्तों, आपके काम और आपके स्वास्थ्य को बढ़ाती है। यह आपके जीवन में खुशी और सामंजस्य लाती है। इससे बड़ी राहत मिलती है।

राजू और रामू बचपन के दोस्त थे। उनके पिता और दादा के समय से यह दोस्ती चली आ रही थी। उन के परिवारों की ज़मीन गाँव में पास-पास थी। दोनों लड़के एक ही स्कूल में पढ़ते थे, एक साथ शरारतें करते थे और साथ-साथ बड़े हुए।

कुछ सालों के बाद उस गाँव में पानी की कमी हो गई। धरती के अंदर पानी का स्तर इतना नीचे चला गया कि कुएँ इत्यादि सूखने लगे। सिर्फ एक कुआँ था जिसमें अभी पानी था और किसानों को वही आपस में बाँटकर इस्तेमाल करना था।

कुएँ के पास, सिंचाई के लिए एक बड़ी सी खाई खोदी गई और उसमें हर रोज़ पानी पम्प करके भरा जाता। हर किसान को निहित समय पर उसके खेत की सिंचाई के लिए खाई में से पानी दिया जाता और उसके बाद उसकी नहर को बंद करके दूसरे किसान के खेत की तरफ नहर छोड़ दी जाती। फिर उसको पानी मिलता।

पानी को बाँटने के दबाव और तनाव के कारण गाँव के लोगों की आपस में तू-तू-मैं-मैं होने लगी। पड़ोसी, दोस्त और रिश्तेदारों की आपस में कहा-सुनी होने लगी। तनाव बढ़ने लगा और पुराने संबंध टूटने लगे।

एक दिन सुबह के समय राजू और रामू सिंचाई वाली खाई के पास मिले। दोनों को अपने-अपने खेतों के लिए पानी चाहिए था। दोनों चाहते थे कि पानी पहले उसके खेत को मिले।

दोनों में बहस हो गई। दोनों के हाथ में नहर खोलने के लिए बेलचे थे। झगड़ा बढ़ गया और उनके बेलचे लड़ाई के हथियार बन गए। रामू का बेलचा राजू की एक आँख में इतना बुरी तरह लगा कि हमेशा के लिए उसकी आँख चली गई।

इस चोट के कारण राजू, रामू को क्षमा नहीं कर सका। न ही वह इस घटना को भूल पाया। समय बीतता गया और उसके मन में क्रोध और बैर बढ़ता ही गया। यहाँ तक कि अब यह उसके लिए असहनीय हो गया। एक दिन उसने अपना शिकार करने वाला चाकू उठाया और खेतों की तरफ चल दिया। रामू सिंचाई की खाई के पास अपने खेत को पानी दे रहा था। चाकू के एक ही वार से राजू ने उसे मौत के घाट उतार दिया।

कानून ने अपना काम किया और अपने बचपन के दोस्त की इस तरह हत्या करने के अपराध में राजू को उमर-कैद की सज़ा हो गई।

दस साल जेल में रहने के बाद राजू को एक जानलेवा बीमारी ने घेर लिया। उसकी पत्नी ने राज्यपाल से दया करने के लिए अर्ज़ी दी कि उसके बीमार पति को छोड़ दिया जाए। रामू के बेटों ने इस अर्ज़ी के खिलाफ कड़ा विरोध किया। उन्होंने गाँव में सबसे कह दिया कि अगर राजू जेल से छूट गया तो वह उसे और उसके सारे परिवार को मार डालेंगे।

क्रोध और क्षमा न करने की वजह से पूरे समाज की शांति भंग हो जाती है और इससे कई घर तबाह हो जाते हैं। एक क्षण की उत्तेजना

एक ऐसे कर्म को जन्म देती है जो लाईलाज होता है, और परिणाम-स्वरूप यह जीवन भर के लिए बैर और बदले की भावना को जन्म देता है और वह बैर पीढ़ी दर पीढ़ी चलता रहता है।

सुझाव न. 5
क्षमाशीलता को अपनी आदत बना लें

एक-दो बार या तीन बार क्षमा करने से हमें संतुष्ट नहीं होना चाहिए। जब कभी कोई हमारे साथ ज़्यादती करे, हमें उसे क्षमा कर देना चाहिए। ईश्वर हमें बार-बार क्षमा करता है। हम चाहे कितना ही अपने रास्ते से भटक जाएँ, कितने ही अवज्ञाकारी बन जाएँ, वह हमें क्षमा करते नहीं थकता। आखिरकार जब तक हम उसके पास वापिस नहीं जाते, वह हमारे साथ धैर्यवान रहता है।

इंडोनेशिया में मुझे एक आदमी मिला। उसने मुझे अपने एक कर्मचारी के बारे में बताया, जिसने उसके खिलाफ छ: बार टैक्स अधिकारियों के पास शिकायत की थी। हर बार उसने माफी माँगी और हर बार इस आदमी ने उसे माफ कर दिया। आदमी ने मुझसे कहा, "ऐसे इंसान को मैं कितनी बार क्षमा करूँ?"

मैंने उससे कहा: "जीसस से भी ऐसा सवाल किया गया था। हम किसी को कितनी बार क्षमा करें? क्या सात बार?" जीसस ने कहा, "सत्तर को सात से गुना करो, उतनी बार।" उनके कहने का मतलब था, जितनी बार क्षमा माँगी जाए, उतनी बार हमें क्षमा करना चाहिए।

जैसा कि मैंने पहले भी कहा है, क्षमाशीलता से हमारे भीतर दैवी

111

गुण प्रकट होते हैं। लेकिन हमें इस बात का ध्यान रखना होगा कि अपने क्षमाशील स्वभाव का हमें घमंड नहीं होना चाहिए। हमने किसको कितनी बार क्षमा किया और उनकी गलतियाँ भूल गए, इन बातों की गिनती भी नहीं रखनी चाहिए। क्षमा करने के बाद उसकी शेखी नहीं बघारनी चाहिए। इससे हमारा 'अहं' बढ़ेगा, जो हमारे लिए ठीक नहीं है।

सच्ची क्षमाशीलता से अहंकार नहीं बढ़ता। वॉयलेट फूल के बारे में एक बड़ा सुंदर कथन है। जो हाथ इसे मसलता है, उस हाथ में यह अपनी सुगंध फैलाता है।

हमें भी बिना दिखावे के चुपचाप क्षमा कर देना चाहिए।

एक राजा के पास एक बूढ़ी नौकरानी थी। उसका काम था राजा और रानी का बिस्तर लगाना। एक पूर्णिमा की सुंदर रात को राजा-रानी ने महल की छत पर खुले आसमान के नीचे सोने का फैसला किया। बूढ़ी औरत ने बड़ी मेहनत से भारी राजसी गद्दे को बाहर बिछाया और उन पर कीमती चादरें और तकिए लगाए। इतनी मेहनत करने के बाद वह थक गई और थोड़ा आराम करने के लिए बैठ गई। मन्द हवा और चाँदनी की ठंडक में उसे नींद आने लगी। नींद के कारण उसे होश न रहा और वह उस राजसी बिस्तर पर ही सो गई।

राजा और रानी ने जब उस अधम, और फटे-पुराने कपड़ों वाली नौकरानी को अपने सुंदर बिस्तर पर सोया हुए पाया, तो उनके क्रोध का आप अंदाज़ा लगा सकते हैं। रानी क्रोध के मारे आपे से बाहर हो गई और एक राजसी सेवक को हुक्म दिया कि उस नौकरानी को पचास कोड़े मारे जाएँ।

कांपती हुई नौकरानी झुककर खड़ी थी और उसकी पीठ पर एक

ज़ोरदार कोड़ा पड़ा। दर्द के मारे वह चिल्ला उठी। दूसरा कोड़ा पड़ने पर वह फिर चीख उठी।

तीसरा और चौथा कोड़ा लगा। वह चुप रही। छठे, सातवें और आठवें कोड़े पर वह हिली तक नहीं। दसवाँ कोड़ा पड़ने पर वह ज़ोर-ज़ोर से हँसने लगी। सेवक ने कोड़े मारने बंद कर दिए। वह हक्का-बक्का रह गया। इतना अपमान और दर्द सहते हुए भी वह हँस रही थी?

राजा और रानी भी उसके इस व्यवहार पर हैरान थे। उन्होंने पूछा, "तुम हँस क्यों रही हो?"

नौकरानी बोली, "मेरा एक छोटा सा अपराध आप क्षमा नहीं कर सके, लेकिन पहले दो कोड़े खाने के बाद, मैंने आप को क्षमा करना सीख लिया।लेकिन यह सोचकर मुझे हँसी आ रही है कि दस मिनट इस रेशमी बिस्तर का सुख लेने के कारण मुझे पचास कोड़े खाने पड़े हैं, तो आप जैसे राजाओं का क्या होगा, जो जीवन भर ऐसे बिस्तर पर हर रात सोते हैं।मुझे हैरानी हो रही है कि आपको कितने कोड़े पड़ेंगे!"

राजा को नौकरानी की बात से सीख मिली और उसने नौकरानी को तुरंत छोड़ देने का हुक्म दिया।

बहुत से लोग कहते हैं, "ऐसे व्यक्ति को मैं कैसे क्षमा कर सकता हूँ, जो बार-बार मुझे दुःख देता है। कभी-कभी मेरा बदला लेने को मन करता है। कहा भी तो गया है कि आँख के बदले आँख लेनी चाहिए।"

महात्मा गाँधी ने एक बार कहा था "अगर आँख के बदले आँख फोड़ने का चलन हो जाए तो सारी दुनियाँ के लोग काने हो जाएँगे।" नफरत से नफरत उत्पन्न होती है। बदले की भावना से दूसरे में भी

बदले की भावना जागती है। केवल क्षमाशीलता का जादू ही इस दूषित चक्र को तोड़ सकता है।

क्षमाशीलता की राहत देने वाली शक्ति ही घोर नफरत और कटुता पर विजय पा सकती है।

आज आदमी एक विकसित प्राणी है। सभ्यता की इस स्थिति पर पहुँचकर हम आदि काल की वृत्तियों-जैसे क्रोध, हिंसा, बैर और बदले की भावना, की तरफ वापिस कैसे जा सकते हैं? बंदूक, पिस्तौल और बम जैसे आधुनिक शस्त्र केवल विनाश कर सकते हैं। अहिंसा, करुणा और दिव्य क्षमाशीलता जैसे आध्यात्मिक शस्त्र कहीं ज़्यादा शक्तिशाली हैं।

सब धर्मात्मा हमें यही सीख देते हैं कि हम क्षमाशीलता का लगातार अभ्यास करके इसे और अधिक शक्तिशाली बनाएँ। सिर्फ एक ही बार क्षमा करना काफी नहीं। सौ बार क्षमा करें। हमारे अंदर की बुराई को समाप्त करने की हमें हर कोशिश करनी चाहिए। हमारे अंदर बहुत से विकार हैं, जैसे क्रोध, कटुता, बैर और बदले की भावना। जब तक हम खुद पर विजय न पा लें, तब तक हमें क्षमा करते रहना चाहिए।

King Louis XV राज्य करने के लिए बहुत छोटा था। Duke of Orleans को राजा का सलाहकार नियुक्त किया गया। बहुत सोच विचार करने के बाद यह फैसला हुआ कि Duke के अधिकारों पर थोड़ी सी पाबंदी लगानी होगी, क्योंकि वह राजा का सलाहकार है, राजा नहीं।

Duke ने अपने पर लगाई पाबन्दियों को ध्यान से देखा। उनमें से एक पाबन्दी को मानने से उसने साफ इनकार कर दिया। उसको राजसिक क्षमा का अधिकार नहीं मिला था।

उसने मंत्री-मंडल से कहा, "कुछ बुरा काम करने से रोकने के लिए मेरे हाथ बेशक बाँध दें, लेकिन भला काम करने के लिए मेरे हाथ खुले होने चाहिए।"

सुझाव न. 6
क्षमा माँगने से पहले ही क्षमा कर दें

जीसस ने कहा है, "अगर आपको एक गाल पर कोई थप्पड़ मारे, तो उसके आगे दूसरा गाल भी कर दें।" उसने यह भी कहा है कि अगर कोई आदमी आपको एक मील अपने साथ चलने को मजबूर करे तो उसके साथ एक मील और चलें।

यह शिक्षा एक महान आरोग्यदाता की है। जो भी इस शिक्षा का अनुसरण करता है, उसकी आंतरिक शान्ति कभी भंग नहीं होती और शान्ति ही तो अच्छे स्वास्थ्य का आधार है।

एक भले आदमी का पड़ोसी बहुत झगड़ालू मिजाज़ का था। उसकी गाय अक्सर भले आदमी के बगीचे में घुस जाती। एक दिन वह गाय को अपने बगीचे से हाँककर पड़ोसी के घर ले गया और कहा, "एक बार फिर मैं आपकी गाय हाँककर लाया हूँ, अगर यह मेरे बगीचे में फिर से आई तो ---" अभी उसने अपना वाक्य पूरा भी नहीं किया था कि पड़ोसी गुस्से से बोला, "मान लो वह तुम्हारे बगीचे में फिर से चली गई, तो तुम क्या कर लोगे?"

भला आदमी बोला, "मैं फिर से उसे तुम्हारे घर तक हाँककर ले आँऊगा।"

खैर, गाय ने फिर उस भले आदमी को तंग नहीं किया।

जब कोई हमसे क्षमा माँगता है और हम उसकी गलती को क्षमा कर देते हैं तो हम समझते हैं कि क्षमा करना महानता और उदारता की निशानी है। लेकिन जब स्थिति विपरीत होती है और हमें किसी से क्षमा माँगनी होती है तो हम नम्रता व सौम्यता से क्षमा माँगने से झिझकते हैं और तब हम समझते हैं कि दूसरे व्यक्ति से स्वाभाविक रूप से क्षमा मिलना हमारा अधिकार है।

जिस तरह ईश्वर हमें क्षमा करता है, उसी तरह हमें भी दूसरों को क्षमा करना चाहिए। ईश्वर का उदाहरण हमारे सामने है और इसलिए हमें भी चाहिए कि सच्चे प्रेम और समझ की भावना से दूसरों को क्षमा करें। इसमें अपने आपको शाबाशी देना या अपना एक विशेष गुण मानने वाली कोई बात नहीं।

किसी के बारे में फैसला न करने की वृत्ति काम करती है।

Rabbi Leo Beck एक जर्मन विद्वान था। हिटलर के राज में उसने जर्मनी में यहूदियों का नेतृत्व करने का दुस्साहस किया। उसे पाँच बार जेल में डाला गया और अन्त में नज़रबन्दी शिविर में भेज दिया गया।

वहाँ भी उसे कैदियों की प्रबन्धक कमेटी में चुना गया। अंत में हज़ारों लोगों की तरह उसे भी गोली से उड़ा देने का हुक्म दिया गया।

जिस दिन उसे मारना था, उसी दिन रूसी सेना कैम्प में पहुँच गई और यहूदियों को आज़ाद कर दिया। Beck भी उस समय बचकर निकल सकता था, लेकिन वह वहीं रह गया, ताकि रूसी सैनिकों को मना सके कि वे जर्मन कैम्प के चौकीदारों को छोड़ दें। हालाँकि उन्होंने यहूदियों को बहुत सताया था।

रूसियों ने चौकीदारों को कैम्प में रहने वालों के हवाले कर दिया।

फिर Beck ने अपने यहूदी साथियों को समझाया कि वे बदला लेने का विचार छोड़ दें क्योंकि यहूदी लोग बदला लेने के लिए बेकरार हो रहे थे। Beck सचमुच फरिश्ता था। जर्मन लोगों ने तो उससे क्षमा भी नहीं माँगी थी और न उसके पाँव पड़े थे।

The Duke of Wellington के सामने एक बड़ी मुश्किल स्थिति आई। उसे एक भगौड़े सिपाही को अपनी ड्यूटी छोड़कर भागने के लिए, मौत की सज़ा सुनानी थी। Duke के लिए यह बड़ी दुःखदायक बात थी क्योंकि वह जानता था कि वह एक बहादुर और अच्छा सिपाही था।

भारी मन से उसने कहा, "यह कठोर दंड देते हुए मुझे बड़ा दुःख हो रहा है, लेकिन हमने सब कुछ करके देख लिया है। हमारे सब अनुशासन व छोटी-मोटी सजाएँ इस आदमी को सुधार नहीं सके।"

उसके बाद उस आदमी के साथियों को बोलने का मौका दिया गया। एक बोला, "श्रीमानजी मैं कहना चाहता हूँ कि एक बात अभी भी रह गई है, जो आपने नहीं की है।"

Duke उसकी बात सुनकर हैरान रह गया और बोला, "भले आदमी, वह कौन सी बात है?"

"आपने उसे क्षमा करके तो देखा नहीं," उस आदमी ने कहा।

बड़ी खुशी से Duke ने उसी समय सिपाही को क्षमा कर दिया। इसका एक फायदा यह भी हुआ कि उसके बाद से वह कभी नहीं भागा और 'Duke' का हमेशा आभारी रहा।

Clement Hofbauer ईश्वर और दुःखी दरिद्रों का सच्चा सेवक था। वह ऐसा संत था, जिससे किसी का कष्ट नहीं देखा जाता था। उसके

118

जीवन का यही उद्देश्य था। जैसा कि साधु वासवानी ने कहा है-गरीबों की सेवा है ईश्वर की पूजा।

कुछ लोग उसके कार्यों को घटिया कहकर उसका मज़ाक उड़ाते थे। एक पड़ोसी ने तिरस्कारपूर्वक उससे कहा, "Clement Hofbauer, आपका जीवन निकम्मा और बेकार है। आप न तो खुद कुछ कमाते हैं, न ही दूसरों को कमाने देते हैं। आपकी करुणा और सेवा से भिखारी और दूसरों की कमाई पर जीने वालों को बढ़ावा मिलता है। यह फिज़ूल-सा 'शौक' छोड़कर कुछ काम-धंधा करो।"

लेकिन इतना अपमान और अनादर सहकर भी Hofbauer अपने रास्ते से नहीं हटा। गरीबों और भूखों की सेवा करने का भला काम उसने जारी रखा।

कई साल बाद Hofbauer गरीबों और बेसहाय लोगों के लिए कुछ मदद माँगने निकला। उसने सचमुच लोगों से भिक्षा माँगी कि कोई कुछ भी दे दे।

अचानक उसे अपना वह पुराना पड़ोसी मिला जिसने कुछ साल पहले उसका अपमान किया था। उस संत ने निडर होकर उससे गरीबों के लिए कुछ देने को कहा।

पड़ोसी ने क्रोध से लाल-पीले होते हुए कहा, "तुम बहुत बेशर्म हो" और संत के चेहरे पर थूक दिया।

संत ने चुपचाप अपना चेहरा पोंछते हुए कहा, "धन्यवाद, यह मेरे लिए था। अब शायद आप गरीबों के लिए कुछ देना चाहें।"

वह आदमी हैरान रह गया। उसकी रूह काँप उठी। उसने संत के पैरों पर गिरकर उससे क्षमा माँगी। उसके बाद उसने गरीबों के लिए एक

मोटी रकम दी।

Hofbauer एक ऐसा संत था जो क्षमा माँगने से पहले ही क्षमा कर देता था।

जब हम कटुता और द्वेष को छोड़ नहीं देते, जब हम क्षमा करने से इनकार करते हैं, तो हम कटुता द्वारा उन लोगों के साथ बँध जाते हैं, जिन्होंने हमें दुःख दिया है। यह कटुता और द्वेष हमारी आत्मा में ज़हर घोल देंगे और हमारे विचारों तथा वृत्तियों को भी गंदा कर देंगे। हम दिल पर चोट खाकर दुःखी रहेंगे, पर मुक्त होना नहीं चाहेंगे।

लेकिन जब हम अपने क्रोध और घृणा को दूर कर देते हैं, तो हम पाते हैं कि कटुता और कुछ नहीं, सिर्फ ऊर्जा को गँवाना है। इसलिए, हमें चाहिए कि किसी के क्षमा माँगने से पहले हम उसे क्षमा कर दें। तब भी क्षमा कर दें, जब कोई पछतावा प्रकट न करे।

Alan Paton का कहना है, "एक अटल नियम है --- अगर हमें किसी ने दुःख पहुँचाया है, तो जब तक हम उसे क्षमा नहीं कर देंगे, तब तक हमारा दुःख दूर नहीं होगा।"

शायद आपने प्रसिद्ध गीतकार Fanny Crosby का नाम सुना होगा, वह सिर्फ छः साल की थी जब उसकी आँखों में हल्की सी जलन हुई। उसने जिस डॉक्टर से इलाज करवाया, उसने लापरवाही की और गलत इलाज के कारण वह सदा के लिए अन्धी हो गई।

इतनी बड़ी दुर्घटना होने के बाद भी Fanny के मन में डॉक्टर के प्रति कोई रंज न था। उसने डॉक्टर को क्षमा कर दिया और अपने अन्धेपन को एक उपहार के रूप में लिया, एक कमी के रूप में नहीं। बल्कि एक बार उसने कहा, "अगर मैं अब उस डॉक्टर को मिल पाऊँ

तो मुझे अन्धा बनाने के लिए मैं उसे बार-बार धन्यवाद कहूँ।"

Fanny Crosby ने आठ हज़ार से ज़्यादा गीत लिखे। उसे लगता था कि अन्धेपन के कारण ही वह इतने सुंदर भजन लिख पाती थी जो उसकी कलम से अपने आप निकलते थे। इस प्रतिभाशाली अन्धी महिला को विश्वास था कि ईश्वर ने उसे किसी खास मकसद के लिए ही अन्धा बनाया था-ताकि वह दूसरे ढंग से साफ देख सके और अपने प्रेरणादायक संगीत के द्वारा लोगों का ध्यान ईश्वर की तरफ ले जाए। लोग कहते थे कि अपनी कमी से उसने अपने मन में कटुता नहीं आने दी, बल्कि खुद को बेहतर बनाया।

महात्मा बुद्ध के बारे में एक कथा है। वे करुणामय कहलाते थे। एक आदमी उन्हें परखना चाहता था और उन्हें अपने जाल में फँसाना चाहता था। लम्बी यात्रा करके वह बुद्ध के पास पहुँचा और जितना उससे हो सका, उसने बुद्ध को अपशब्द कहे और उनका अपमान किया। बुद्ध जो भी कहते या करते, वह उसमें दोष निकालता, आलोचना करता और कोई गलती बताता। ऐसा लगातार तीन दिन तक चलता रहा।

बुद्ध न अधीर हुए और नही कोई नकारात्मक प्रतिक्रिया की। उस आदमी के प्रत्येक कठोर कथन, प्रत्येक शाब्दिक आक्रमण का जवाब उन्होंने प्रेम, दयालुता और मुस्कुराहट से दिया।

उस आदमी से अब रहा नहीं गया। वह हैरानी के साथ बोला, "आप इन्सान से भी कम हैं या इंसान से बढ़कर हैं? आपने इतना अपमान सहा और फिर भी जवाब में कुछ नहीं कहा।"

जवाब में बुद्ध ने उससे सवाल किया, "अगर आपको कोई उपहार दे और आप उसे स्वीकार न करें तो वह उपहार किसका हुआ?"

उस आदमी को जवाब मिल गया। उसने बुद्ध को क्रोध, दुश्मनी और अपमान का उपहार दिया। बुद्ध ने उसके जवाब में कुछ नहीं कहा। इसलिए जो उसने दिया, वो उसीका ही रहा। जो चीज़ हमारी नहीं है, उसके बारे में हम दुःखी या क्रोधित क्यों हों?

महात्मा गाँधी भारत में अंग्रेज़ी शासन से घृणा करते थे। लेकिन उन्हें अंग्रेज़ों के खिलाफ कोई शिकायत नहीं थी। अंग्रेज़ी राज्य के जज, अधिकारी और गवर्नर-जनरल तक उन्हें अपने कठोर कानून के कारण बार-बार सज़ा देते थे, लेकिन गाँधीजी उनके साथ हमेशा नम्रता और दोस्ताना व्यवहार करते थे। उन्होंने किसी के साथ भी व्यक्तिगत दुश्मनी का भाव नहीं रखा। सुना है कि एक बार, एक जज गाँधीजी के खिलाफ राजद्रोह जैसे गंभीर मामले के बारे में सुनवाई के लिए आया। अपनी कुर्सी पर बैठने से पहले उसने गाँधीजी के आगे सिर झुकाकर अभिवादन किया।

Martin Luther King Jr. ने गाँधीजी के उदाहरण से बहुत प्रेरणा ली। अहिंसात्मक तरीके के बारे में उसने कहा:

अहिंसात्मक तरीके से अत्याचारी का हृदय तुरंत नहीं बदलता। पहले यह इस तरीके को अपनाने वालों के हृदय और आत्मा में बदलाव लाता है। यह उन्हें एक नया आत्म-सम्मान देता है। उनमें वह बल और हिम्मत देता है जिस का उन्हें पता नहीं होता कि उनमें यह सब है। अंत में यह विरोधी दल तक पहुँचकर उनकी चेतना को इस तरह झकझोरता है कि सुलह एक सच्चाई बन जाती है।

हमारे आज के इस युग में Nelson Mandela का सुंदर उदाहरण हमारे सामने है। दक्षिण अफ्रीका में रंग-भेद की नीति को मानने वाली

122

सरकार ने उन्हें जेल में डाल दिया। जब वह सरकार चल न सकी तो Mandela को मुक्त कर दिया गया और उन्हें राष्ट्रपति चुन लिया गया। एक स्वतन्त्र और बराबरी के राष्ट्र के वे पहले काले राष्ट्रपति हुए। फिर भी उन्होंने दमन करने वाले गोरों के प्रति बैर या कटुता की भावना नहीं रखी। और उनके समय में दक्षिण अफ्रीका के गोरे लोगों के प्रति कोई बदले की भावना या भेद-भाव नहीं रखा गया।

घृणा और हिंसा के सताए हुए ये महान लोग खुद शान्ति और अमन के साधन बने।

सुझाव न. 7
जब आप क्षमा करते हैं, तो उसे अवश्य भूल जाएँ

किसी ने कहा है, मैं क्षमा कर सकता हूँ पर भूल नहीं सकता। यह तो ऐसा कहने का दूसरा तरीका है कि मैं क्षमा नहीं करूँगा। असली क्षमा एक रद्द किए हुए चैक की तरह होती है जिसे फाड़कर रद्दी की टोकरी में डाल दिया जाता है।

दो पुराने मित्र, बहुत सालों के बाद एक शाम को मिले। उन्होंने एक साथ भोजन करने की सोची और रेस्टोरेंट में चले गए। वहाँ बैठकर वे बातें करते रहे और अपनी पिछली बातों को याद कर-करके खुश होते रहे। फिर एक मित्र ने ध्यान दिया कि रात के तीन बज गए थे। दोनों को घर जाने की जल्दी थी। वे एक दूसरे से विदा हो गए।

अगले दिन वे दोनों फिर मिले और एक ने दूसरे से पूछा, "कल रात इतनी देर से घर पहुँचने पर तुम्हारी पत्नी ने कुछ कहा?"

दूसरे ने जवाब दिया, "मैंने उसे सारी स्थिति बताई और वह समझ गई। सब ठीक-ठाक रहा तुम्हारी पत्नी की क्या प्रतिक्रिया थी?"

मित्र ने जवाब दिया, "जब मैं घर पहुँचा तो मेरी पत्नी हिस्टोरिकल (ऐतिहासिक) हो गई।"

मित्र ने कहा, "शायद तुम्हारा मतलब है कि वह गुस्से से

हिसटेरिकल (दिमाग व शरीर पर काबू न रहना) हो गई थी?"

मित्र बोला, "नहीं, मेरा मतलब हिस्टोरिकल से ही है। हमारी तीस साल की शादी-शुदा ज़िंदगी में की गई मेरी सब गलतियाँ उसने गिना दीं।"

हमें इतिहासज्ञ नहीं बनना है। जब हम किसी को क्षमा करते हैं तो उस बात को भूल जाना चाहिए। अमेरिकन रैड क्रास की संस्थापक Clara Barton के एक बार उसकी एक सहेली ने उसे याद दिलाया कि कई साल पहले उसके साथ बहुत बुरा व्यवहार किया गया था। लेकिन Barton को याद नहीं आया।

उसकी सहेली ने पूछा, "क्या तुम्हें याद नहीं?"

उसका जवाब था, "नहीं, मुझे अच्छी तरह याद है कि मैंने उस बात को भुला दिया है।"

एक आदमी जीवन की अंतिम साँसें गिन रहा था। एक बार उसके एक दोस्त ने उसे धोखा दिया था और उसके प्रति इस बीमार के दिल में कटुता थी। मरने से पहले वह अपने दोस्त को बताना चाहता था कि उसने दोस्त को क्षमा कर दिया है। जब उसका दोस्त वहाँ पहुँचा, तो उसे गले लगाकर बीमार आदमी बोला, "मैं मरने वाला हूँ। जो कुछ हुआ, उसके लिए मैं तुम्हें क्षमा करता हूँ।"

दोस्त को बड़ी राहत महसूस हुई और उसकी आँखें नम हो गईं।

जब दोस्त जाने लगा, तो बीमार बोला, "अगर मैं मर गया तो मैंने तुम्हें क्षमा किया। अगर मैं ठीक हो गया, तो मैं अपने शब्द वापिस ले लूँगा।"

ज़्यादातर भूलना हमें सबक सिखाता है। परीक्षा की तैयारी में अपने

सबक याद करने में लगे हुए छात्र मेरी बात से सहमत नहीं होंगे!

लेकिन मैं उस तरह के भूलने की बात नहीं कर रहा। हम ऐसा बहुत कुछ भूल जाते हैं, जो हमें याद रखना चाहिए। हम चेहरे भूल जाते हैं, नाम और लोगों को भूल जाते हैं। अफसोस की बात है कि हमें जो वरदान मिले हैं हम उन्हें भी भूल जाते हैं। हमारे साथ जो-जो अच्छी बातें होती हैं, उन्हें हम भूल जाते हैं। इस प्रकार हम कृतघ्न और अनुदार हो जाते हैं।

लेकिन कुछ बातें ऐसी हैं जिन्हें हम कभी नहीं भूलते। प्रतिकूल स्थितियाँ, कड़वे अनुभव और वे लोग जिन्होंने हमें, जाने-अनजाने में दुःखी किया। यूनानी दार्शनिक Themistocles का कहना है, "मुझे याद करने की कला मत सिखाओ। मुझे भूलने की कला सीखनी है, क्योंकि मुझे कुछ ऐसी बातें याद हैं, जिन्हें मैं याद नहीं करना चाहता, लेकिन जिन बातों को मैं भूलना चाहता हूँ, उन्हें भूल नहीं पाता।"

हमें अपने घावों को, अपमान और विश्वासघात को भूलना सीखना चाहिए, ताकि हमें चैन मिले और इस के द्वारा उन्हें भी चैन मिले, जिन से हम घृणा करते हैं।

एक उदार फ्रांसीसी जनरल, Lord Lamotte एक बार Lyons में सड़क पर जा रहा था कि एक सिपाही ने उससे बदतमीज़ी से बात की। असल में सिपाही ने शराब पी रखी थी और उसने इतने बड़े अफसर को पहचाना नहीं।

क्रोध में आकर जनरल ने उसके मुँह पर एक थप्पड़ मारा। लेकिन उसे तुरंत अपने किए पर खेद हुआ। अगले दिन उसने, उस सिपाही को बुलाया और कहा, "क्या तुम्हें याद है कि कल मैंने तुम्हारे साथ क्या

किया था?"

सिपाही ने कहा, "हाँ जनाब।"

जनरल ने कहा, "मुझे भी याद है। क्या मैं तुम्हें पाँच फ्रैंक दे सकता हूँ?"

सिपाही ने कहा, "खेद है कि मैं उन्हें स्वीकार नहीं करूँगा, जनाब।"

"शायद दस फ्रैंक तुम स्वीकार कर लो।"

सिपाही बोला, "दस फ्रैंक से आप एक थप्पड़ की भरपाई नहीं कर सकते जनाब।"

जनरल ने कहा, "तुम ठीक कहते हो। मैं तुम्हें बताता हूँ–मैं तुम्हें गले लगा लेता हूँ और – – –

"बिल्कुल ठीक जनाब। हम एक दूसरे के गले मिलकर क्षमा करते हैं और भूल जाते हैं।"

एक आदमी ने दफ्तर की एक पार्टी में ज़्यादा शराब पी ली। जैसा कि कई लोग पीकर होश खो देते हैं, उसने भी अपना तमाशा बना दिया। ऊँची आवाज़ में गाने लगा, अनाप-शनाप बोलने लगा और फिर लैंपशेड को अपना हैट बनाकर नाचने लगा और फिर बेसुध हो गया।

बेहोशी की हालत में उसे घर लाया गया और उसकी पत्नी ने उसे बिस्तर पर लिटा दिया। अगली सुबह जब वह उठा तो बड़ा शर्मिंदा तथा दुःखी था। उसने अपनी पत्नी से क्षमा माँगी और वह मान गई।

पत्नी ने क्षमा तो कर दिया लेकिन वह भूली नहीं। जैसे-जैसे समय बीतता गया, वह लगातार पति को उस दिन की शर्मनाक घटना के बारे

में याद दिलाती जिसे पति हर कोशिश से भूलना चाहता था। वह आदमी इतना अपमानित महसूस करने लगा कि उसने अपनी पत्नी से कहा, "मेरा विचार था कि तुम मेरे किए को क्षमा करके भूल जाओगी।"

पत्नी बोली, "यह सच है कि मैं क्षमा करके भूल गई हूँ। लेकिन मैं यह नहीं चाहती कि तुम भूल जाओ कि मैं क्षमा करके भूल गई हूँ।" जब आप क्षमा करते हैं, तो भूलना भी सीखें।

जब तक आप अपने मन से पुरानी सब बातों को निकाल नहीं देते, जब तक आप अपने साथ हुए धोखे के विचार से मुक्त नहीं हो जाते, तब तक आपकी क्षमा अधूरी है, पूरी नहीं हुई।

सुझाव न. 8
जिस आदमी के प्रति आपके मन में दुर्भावना हो, उसके बारे में मधुरता से बात करें

सिर्फ मधुरता से बोलना ही पर्याप्त नहीं होगा। बल्कि खास कोशिश करके उसकी मदद करें, उसकी सेवा करें। इससे आप पर ईश्वर की कृपा होगी।

George Washington और Peter Miller स्कूल के साथी थे। एक अमरीका का राष्ट्रपति बन गया और दूसरा उपदेशक। Michael Wittman नामक एक आदमी ने मिलर को बहुत सताया और बहुत तकलीफें दीं।

अचानक Wittman को राजद्रोह के अपराध में मौत की सज़ा हुई। मिलर सत्तर मील दूर Philadelphia पहुँचकर वाशिंगटन से मिला। उसने पूछा, "बताओ पीटर मैं तुम्हारे लिए क्या कर सकता हूँ?"

पीटर बोला, "तुम्हारी और मेरी पुरानी जान-पहचान है। उसका सहारा लेकर मैं तुम से विटमैन के लिए जीवनदान माँगता हूँ।"

वाशिंगटन ने कहा, "नहीं पीटर, कुछ और माँगो। यह मामला बहुत गंभीर है। मैं तुम्हारे दोस्त को जीवनदान नहीं दे सकता।"

मिलर ने कहा, "मेरा दोस्त! वह तो मेरा जानी दुश्मन है।" उसके बाद उसने बताया कि किस तरह से, बीस साल से विटमैन ने उसे सताया है।

जब वाशिंगटन ने पीटर के कष्टों की बात सुनी, तो बोला, "तुम अपने दोस्त की नहीं, बल्कि कट्टर दुश्मन के जीवन को बचाने की बात कर रहे हो। यह किसी इंसान का काम नहीं, यह तो दिव्यता है। मैं इंसान को तो इनकार कर सकता हूँ, पर भगवान को नहीं। मैं तुम्हारे दुश्मन को क्षमा कर देता हूँ।"

एक अंग्रेज़ी अफसर अपने नौकर के साथ लड़ाई के मैदान से गुज़र रहा था। उसने देखा कि दुश्मन का एक ज़ख्मी सिपाही पानी के लिए चिल्ला रहा था।

अफसर ने अपने नौकर से कहा, "इस बेचारे को मेरी बोतल से पानी दे दो।"

नौकर उस प्यासे सिपाही को पानी देने के लिए जैसे ही झुका, सिपाही ने उस पर बंदूक चलाई। नौकर तुरंत पीछे हट गया और अफसर से पूछा, "सर, अब मैं क्या करूँ?" अफसर ने जवाब दिया, "फिर भी उसे पानी तो दे ही दो।"

Lincoln अपने दुश्मनों के साथ हमेशा अच्छे तरीके और दयालुता से पेश आता था। एक वृद्ध महिला इस व्यवहार से हैरान होकर लगभग डाँटते हुए बोली, "दुश्मनों को मारना तुम्हारा कर्त्तव्य है। तुम उनसे दयालुता से कैसे बात कर सकते हो?"

Lincoln ने मुस्कुराकर कहा, "मैडम, जब मैं दुश्मनों को दोस्त बना लेता हूँ, तो क्या मेरे दुश्मन खत्म नहीं हो जाते?"

किसी ने सच ही कहा है कि क्षमाशीलता से बढ़कर कोई बदला नहीं है।

मैं हमेशा कहता हूँ कि कोई भी अजनबी नहीं, सब दोस्त हैं। आप दोस्तों को कहीं भी और हर जगह मिल सकते हैं, लेकिन दुश्मन हर जगह नहीं मिलते क्योंकि दुश्मन तो बनाने पड़ते हैं। और बेहतर है कि हम उन्हें क्षमा करके, उन्हें प्यार करना सीखें, क्योंकि हम ने ही तो उन्हें दुश्मन बनाया था। जब हम क्षमा करके प्रेम करते हैं तो हमारा एक दुश्मन, दोस्त में बदल जाता है।

एक चीनी कहावत है, "सब से महान विजेता वह है जो बिना वार किए अपने दुश्मन को हरा दे।"

सुझाव न. 9
अपने द्वेष की भावना से ऊपर उठें और जिसने आपको दुःख दिया है, उससे प्रेम करें

दो भाई बिल्कुल पास-पास रहते थे। बीच में एक छोटी सी नहर बहती थी। बहुत समय तक वे दोनों आपस में प्रेम व शान्ति से रहे। आपस में औज़ारों व फसल का लेन-देन चलता। कभी कोई मज़दूर या किसी चीज़ की ज़रूरत पड़ती तो वे एक दूसरे से ले लेते। अचानक उनके रिश्ते में दरार पड़ गई। एक छोटी सी गलतफहमी से उनमें झगड़ा हो गया और वे एक दूसरे के कट्टर दुश्मन बन गए।

एक दिन बड़े भाई ने एक बढ़ई को बुलाया और कहा, "वह सामने नहर देख रहे हो? उसकी परली तरफ मेरे भाई का खेत है। मैं चाहता हूँ कि हमारे गोदाम में जितनी भी लकड़ी है, तुम निकालो और नहर के इस तरफ एक ऊँची सी दीवार बना दो ताकि मुझे भाई का खेत न दिखे।"

बढ़ई ने कहा, "मैं आपकी बात समझ गया हूँ। आप मुझ पर छोड़ दें।"

बड़े भाई को काम से शहर जाना था। उसने बढ़ई को सारा सामान दे दिया और खुद शहर चला गया।

132

जब शाम को वह वापिस आया तो बढ़ई अपना काम लगभग समाप्त कर चुका था। उसका काम देखकर बड़ा भाई हक्का-बक्का रह गया।

वहाँ कोई दीवार नहीं बनी थी। बल्कि उसकी जगह एक पुल था, जो नहर के दोनों किनारों को जोड़ रहा था और दोनों खेत आपस में पहले से ज़्यादा मिल गए थे। और तो और छोटा भाई मुस्कुराते हुए, दोनों बाहें फैलाकर पुल के ऊपर से इस तरफ आ रहा था।

"प्यारे भैया, आपने कमाल कर दिया। मेरे इतना कुछ कहने और करने के बावजूद आपने यह पुल बनवाया। मुझे बड़ी खुशी है कि हमारा आपस में फिर से मेल-मिलाप हो गया।"

दोनों भाई बड़े प्रेम और सद्भावना से आपस में मिले। बढ़ई ने दोनों भाइयों को गले मिलते देखा तो उसके चेहरे पर मुस्कान आ गई और वह जाने को तैयार हो गया।

बड़े भाई ने कहा, "अभी मत जाओ।" छोटा भाई बोला, "अभी तो तुम्हें हमारे लिए बहुत कुछ करना है।"

बढ़ई ने जवाब दिया, "अब मैं चलता हूँ। मुझे यकीन है कि अभी मुझे बहुत से पुल बनाने हैं।"

Abraham Lincoln जब युवक था। और एक अच्छा वकील बनने के लिए संघर्ष कर रहा था, तो उसे एक कानूनी टीम में लिया गया। टीम के पास एक बड़ा महत्त्वपूर्ण मुकदमा था, Lincoln इस टीम में चुने जाने से बहुत खुश हुआ। इस टीम के दूसरे वकील बड़े होनहार और जाने-माने लोग थे। जब Edwin Stanton उन में एक प्रसिद्ध वकील ने Lincoln को देखा, तो व्यंगात्मक ढंग से कहा, "यह अजीब बन्दर जैसा

133

कौन है और यहाँ क्या कर रहा है? मैं उसके साथ काम करने को तैयार नहीं! इसे बाहर करो।"

Lincoln इस अपमान को अनसुना करके शान्त रहा। जब मुकद्दमा चल रहा था तो दूसरे वकीलों ने उसकी उपेक्षा की और उसके साथ दुर्व्यवहार किया। फिर भी Lincoln कचहरी में सब दलीलों को ध्यान से सुनता रहा। वह चाहता था कि उन बड़े-बड़े वकीलों से वह ज़्यादा से ज़्यादा सीखे। खास करके Stanton का इतनी योग्यता से मुकदमा के बारे में तर्क करना, उसका इतनी अच्छी तरह बोलना, उसकी बढ़िया तैयारी और धारा-प्रवाह से उसे पेश करना, इन सबसे वह बहुत प्रभावित हुआ। उसने कहा, "मैं तो इसके सामने कुछ भी नहीं। मैं फिर से कानून पढ़ने जा रहा हूँ।"

बहुत सालों के बाद Lincoln अमरीका के राष्ट्रपति बने, जो कि देश का सबसे ऊँचा पद है। फिर भी Stanton ने उनकी आलोचना करनी जारी रखी। किन्तु Lincoln उसकी बुद्धि की कद्र करते थे। जब उन्हें एक युद्ध-सेक्रेटरी (सहायक) की ज़रूरत पड़ी तो उन्होंने Stanton को ही चुना, वह व्यक्ति, जिसने हमेशा उनका उपमान किया था। ऐसा करके Lincoln ने एक चरित्रवान इंसान होने का प्रमाण दिया। उन्होंने जीवन भर बैर रखने की बजाय क्षमाशीलता की भावना दिखाई।

जब Lincoln की एक हत्यारे ने गोली मारकर हत्या कर दी तो Stanton दुःख में डूब गया। टूटे दिल से, सुबकते हुए, उसने कहा, "अब वह युग-पुरुष बन गया है।"

Laurence Sterne ने कहा है, "केवल बहादुर लोग ही क्षमा करना जानते हैं----एक कायर कभी नहीं---यह उसके स्वभाव में ही नहीं होता।"

एक अरबी मुहावरे की सीख है: "आप के साथ जो बदी हुई है, उसे रेत पर लिखो और जो आपके साथ नेकी हुई है, उसे संगमरमर पर लिखो। बैर और बदले की भावना दूर करो। यह हमें पतन की ओर ले जाती है। आभार और खुशी की भावना को अपनाओ, क्योंकि ये हमें ऊँचा उठाती है।"

कोरिया के युद्ध में कम्युनिस्टों ने एक आदमी को पकड़ा और अपनी पार्टी के खिलाफ काम करने के अपराध में उसे गोली से मारने का हुक्म दिया। उसको गोली मारने से पहले, कम्युनिस्ट नेता को बताया गया कि वह आदमी एक अनाथालय चलाता था, जिसमें बहुत से बच्चों का पालन-पोषण होता था। उस आदमी को जीवनदान मिल गया। लेकिन पार्टी-नेता ने मनमानी और क्रूरता दिखाते हुए हुक्म दिया कि उस आदमी की जगह, उसके बेटे की हत्या की जाए।

कई साल बीत गए। युद्ध ने एक नया मोड़ लिया और वही कम्युनिस्ट नेता पकड़ा गया और दुश्मनों द्वारा उसे मौत की सज़ा मिली। जिस पिता के बेटे की हत्या की गई थी, उसने इस नेता को जीवनदान देने की प्रार्थना की। उसने कहा, "उसे फाँसी मत दीजिए। मैं आपसे वायदा करता हूँ कि मैं उसे सुधार दूँगा।"

उस कम्युनिस्ट नेता की जान बच गई। उस पिता ने उसको क्षमा कर दिया। उसे मेहमान के तौर पर अपने घर ले गया। उसके साथ प्रेम भरा व्यवहार किया, उसके ज़ख्मों पर दवा लगाई और उसके साथ सद्भावना का व्यवहार किया।

J. Harold Smith ने कहा है: "जब कोई आदमी बदले की भावना को त्यागकर, क्षमा करता है, तो वह सचमुच महान है।"

Benjamin Disraeli जो सन् 1868 में इंग्लैंड का प्रधानमन्त्री बना। वह भी एक महान आदमी था। जिन लोगों ने उसे परेशान और अपमानित किया, उनके साथ उसने बड़ा सद्भावना और शिष्टाचार का व्यवहार किया।

Leech, एक प्रसिद्ध कारटूनिस्ट (व्यंग्य चित्रकार) था, जो साप्ताहिक पत्रिका Punch में काम करता था। उसने लगभग तीस साल लगातार Disraeli के अपमानजनक चित्र बनाए। फिर भी Disraeli जब प्रधानमन्त्री बना, तो उसने कई प्रकार Leech के परिवार की मदद की।

प्रसिद्ध लेखक और इतिहासकार Thomas Carlyle ने एक बार Disraeli को बेतुका मूर्ख बन्दर कहा। Disraeli जब दोबारा प्रधानमन्त्री बना तो उस ने Carlyle द्वारा किए गए अपमानों को भुलाकर उसे इतिहासकार के तौर पर सबसे ऊँचे सम्मान से सुशोभित किया।

एक बार उसके दोस्त ने पूछा, "तुम्हारे मन में ऐसे लोगों के लिए कटुता की भावना कैसे नहीं उठती? तुम्हारे खिलाफ उन्होंने जो कुछ कहा और किया है, वह सब तुम कैसे भूल सकते हो?"

उस महान राजनीतिज्ञ ने केवल इतना कहा, "मेरा स्वभाव ही ऐसा है।"

इसी महान व्यक्ति ने एक बार कहा था, "हम सब प्रेम करने के लिए जन्मे हैं --- यही अस्तित्व का नियम है और यही अंत है।"

Rabia साध्वी को गुरुदेव साधु वासवानी 'इसलाम की मीरा' कहते थे। एक दिन वह एक धार्मिक पुस्तक पढ़ रही थी। उसमें एक वाक्य आया, दुष्टों से घृणा करो!

उसने बहुत कोशिश की, लेकिन इस वचन को वह स्वीकार नहीं

कर पाई। वह इस वाक्य से इतनी बेचैन हुई कि उसने पुस्तक से उस वाक्य को ही काटकर मिटा दिया।

कुछ दिन के बाद एक महात्मा उसके घर कुछ दिन रहने के लिए आए। उन्होंने कोई पुस्तक पढ़ने के लिए माँगी और Rabia ने वही पुस्तक दी, जिसमें वह वाक्य लिखा था।

जब महात्मा ने वह काटा हुआ वाक्य देखा तो बोले "यह किसने किया है?"

Rabia ने कहा, "यह मैंने किया है क्योंकि यहाँ लिखा था कि दुष्टों से घृणा करो।"

महात्मा ने कहा, "लेकिन किसी धार्मिक पुस्तक के साथ तुम ऐसे मनमानी नहीं कर सकती। यह तो कुकर्म और पाप है।"

Rabia ने बड़ी नम्रता परन्तु दृढ़ता से कहा, "हो सकता है, लेकिन मैं इस वचन को स्वीकार नहीं कर सकती। किसी से घृणा करूँ! मेरी आत्मा इस विचार को स्वीकार नहीं करती। जब मेरे दिल में सब लोगों के लिए प्रेम भरा हुआ है, तो चाहे कोई कितना ही दुष्ट क्यों न हो, मैं उससे घृणा नहीं कर सकती। सच पूछो तो मुझे समझ में ही नहीं आता कि घृणा को मैं कहाँ स्थान दूँ क्योंकि मेरे दिल में ऐसी भावनाओं के लिए कोई जगह नहीं है।"

ईश्वर की कृपा से उसके मन में स्वाभाविक रूप से मानवता के लिए प्रेम भरा था और अगर वह किसी से घृणा कर सकती थी, तो वो घृणा थी।

ताराकांत रॉय राजदरबार में एक ऊँचे पद पर थे। एक रात, राजा के साथ एक ज़रूरी मीटिंग के बाद श्री रॉय देर से घर पहुँचे। वे बहुत

थक गए थे और सीधा अपने बिस्तर की तरफ गए।

जब वह अपने सोने के कमरे में गए तो उन्होंने देखा कि उनका नौकर, उनके बिस्तर पर गहरी नींद सो रहा था।

कोई और आदमी होता तो अपने बिस्तर पर नौकर को सोया देखकर गुस्से से लाल-पीला हो जाता। लेकिन ताराकांत रॉय ने ऐसा कुछ नहीं किया, क्योंकि वह एक प्रेममय और क्षमाशील इंसान थे। उन्होंने चुपचाप धीरे से अलमारी से एक चादर निकाली, ज़मीन पर बिछाई और उस पर सो गए।

अगले दिन सुबह, एक ज़रूरी मामले पर विचार करने के लिए, राजा उनके घर आ गए। वे सीधा श्री रॉय के सोने वाले कमरे में चले गए और यह देखकर हक्के-बक्के रह गए कि नौकर तो मज़े से बिस्तर पर सो रहा था और मालिक नीचे ज़मीन पर।

हैरान होते हुए राजा ने पूछा, "रॉय साहब, आपने ऐसा क्यों किया?"

रॉय ने जवाब दिया, "एक थके हुए आदमी की नींद में बाधा डालने को मन नहीं माना, इसलिए मैंने उसे वहीं सोने दिया।"

रॉय ऐसे आदमी थे जो क्षमा और प्रेम करना जानते थे।

मेरे पूज्य गुरु, साधु वासवानी ने हमें कर्बला के शहीद, हुसैन की सुंदर कथा सुनाई थी। एक बार वे खाना खा रहे थे और उनका दास उन्हें परोस रहा था। गलती से, गरम-गरम डोंगा हुसैन के घुटनों पर गिर पड़ा।

दास बुरी तरह से डर गया। उसने कुरान शरीफ से एक कलमा बोला, "स्वर्ग उसके लिए है जो अपने क्रोध पर काबू पाता है।"

हुसैन ने कहा, "मैं क्रोधित नहीं हूँ।"

दास ने आगे कहा, "स्वर्ग में उसे स्थान मिलता है जो अपने भाई को क्षमा कर देता है।"

और हुसैन बोले, "मैं तुम्हें क्षमा करता हूँ।"

और दास ने कलमा पूरा किया, "क्योंकि खुदा परोपकारी लोगों को प्यार करता है।"

हुसैन ने तुरंत कहा, "मैं तुम्हें आज़ाद करता हूँ। अब तुम मेरे दास नहीं रहे और मैं तुम्हें चार सौ चाँदी की मुहरें देता हूँ।"

सच है, ईश्वर करुणामय लोगों को प्यार करता है। अपने साथियों को क्षमा करने वालों से प्यार करता है।

शनिवार की एक दोपहर को पीटर नामक लड़का अपने दोस्त के साथ खेल रहा था। उन्हें एक खतरनाक खेल सूझा। नज़दीक वाले एक बंगले की छत पर पत्थर फेंकना, जब पत्थर छत से लुढ़ककर पीछे के आँगन में जाकर गिरते तो उन्हें मज़ा आता। पीटर ने एक चिकना, गोल पत्थर उठाया और छत की तरफ फेंका। उसका निशाना चूक गया और पत्थर रसोईघर के काँच को जा लगा और काँच के टुकड़े-टुकड़े हो गए।

डर के मारे दोनों लड़के वहाँ से भाग खड़े हुए। लेकिन पीटर को चैन नहीं आया। उस बंगले में अकेली रहने वाली वृद्ध औरत को वह जानता था। वह सुबह समाचार पत्र-बाँटने जाता था और वह महिला उसकी ग्राहक थी। वह एक दयालु महिला थी और पीटर को दुःख था कि चाहे अनजाने में, उसने महिला के घर का नुकसान किया था। फिर भी अपनी गलती कबूल करने की उसमें हिम्मत नहीं थी। हर सुबह जब वह उस वृद्ध महिला को समाचार-पत्र देने जाता और वह पीटर से

हँसकर मिलती, तो पीटर ग्लानि से भर जाता। उसकी परेशानी जब बहुत बढ़ गई, तो उसने एक तरकीब सोची कि समाचार-पत्र बाँटकर जो पैसे वह कमाता था, उन्हें जमा करके वह खिड़की के काँच की कीमत चुका देगा। उसने हिसाब लगाया कि नया काँच दस डॉलर में लग जाएगा।

कुछ हफ्तों में उसने इतनी रकम जमा कर ली। उसने उन पैसों को एक लिफाफे में डाला और साथ एक परची पर लिख दिया कि वृद्ध महिला की खिड़की तोड़ने का उसे अफसोस है, और उसकी भरपाई करने के लिए वह पैसा दे रहा है। नीचे उसने अपना नाम नहीं लिखा। उसे अभी भी डर लग रहा था। शाम को देर से वह महिला के सामने दरवाज़े की तरफ गया, उसके डाक डिब्बे में वह लिफाफा डाला और धीरे से निकल आया। उसे लगा कि उसके सिर से एक भारी बोझ उतर गया है। उसने सोचा कि अगले दिन जब वह महिला उसे मिलेगी तो वह उससे आँख मिला सकेगा।

अगले दिन सुबह वह समाचार-पत्र देने गया, मुस्कुराकर महिला का अभिवादन किया। महिला बोली, "पीटर, एक मिनट रुकना मैंने तुम्हारे लिए कुछ रखा है।"

महिला ने उसे एक लिफाफा थमाया, जिसमें ताज़े बुने कुरकुरे बिस्कुट थे। समाचार-पत्र बाँटने के बाद घर वापिस जाते समय पीटर मज़े से बिस्कुट खा रहा था। तब अचानक उसने देखा कि लिफाफे में एक परची पड़ी हुई थी। उसे बाहर निकालकर पढ़ने पर वह हैरान रह गया। उसमें लिखा था, "मुझे तुम पर गर्व है।"

उस महिला को शुरू से ही मालूम था कि खिड़की उसीने तोड़ी थी, लेकिन फिर भी उसने न उसका ज़िक्र किया और न उसे डाँटा। वह उस लड़के को वैसे ही प्यार से, हँसकर मिलती रही। आखिर में जब

पीटर ने अपनी गलती को सुधारा तो महिला ने अपना प्यार प्रकट किया और उसकी ईमानदारी को सराहा। सचमुच वह एक ऐसी महिला थी जो प्यार और क्षमा करना जानती थी।

Edith व Carl Taylor पति-पत्नी थे। उनका आपस में बेहद प्रेम था। बेशक दुनियादारी के हिसाब से उनके पास बहुत पैसा नहीं था। लेकिन पति का इतना प्रेम पाने के कारण Edith अपने आपको शहर की सबसे खुशकिस्मत स्त्री मानती थी। उसकी और Carl की शादी हुए तेईस साल हो चुके थे, लेकिन ऐसा लगता था कि उनकी अभी-अभी शादी हुई है। जब Carl कमरे में आता तो Edith का दिल धड़क उठता। जब Carl अपने दफ्तर के काम से शहर से बाहर जाता तो हर रात वह अपनी पत्नी को प्रेम-पत्र लिखता और वह जहाँ जाता, वहाँ से उसे छोटे-मोटे उपहार भेजता।

फरवरी 1950 में सरकार ने Carl को कुछ महीनों के लिए ओकीनावा (जापान) भेजा। इस बार Edith को न हर रोज़ पत्र आए, न कोई उपहार। जब भी Edith पूछती कि Carl इतने समय के लिए वहाँ क्यों है, तो वह जवाब देता कि अभी और एक दो महीने उसे वहाँ रहना पड़ेगा। एक साल बीत गया पर Carl वापिस नहीं आया। उसके पत्र आने कम हो गए, उनमें औपचारिक बातें होती थीं और प्रेम बिल्कुल नहीं होता था।

फिर कई हफ्तों की चुप्पी के बाद उसका पत्र आया "प्रिय Edith, मैं चाहता हूँ कि काश मैं तुम्हें नर्म शब्दों में कह पाता कि मैंने मैक्सिको में तलाक के लिए अर्ज़ी दी है। यहाँ एक जापानी स्त्री से मैं प्रेम करता हूँ और उससे शादी करना चाहता हूँ। उसका नाम ऐको है। वह घर का सारा काम करती है और उसने मेरी बड़ी सेवा की है।

पहले तो Edith को धक्का लगा, फिर क्रोध आया। क्या वह तलाक के लिए लड़े? उसका जीवन बर्बाद करने वाले उसके पति और उस स्त्री के लिए उसके मन में घृणा भर गई। मन को ठेस लगने से उसके मन में घृणा उत्पन्न हो गई और उसका अन्तर जलने लगा। लेकिन उस पर ईश्वर की कृपा हुई। जल्दी ही वह तीसरी स्थिति में पहुँच गई–राहत की स्थिति में। अपने पति के बारे में फैसला लेने की जगह उसने अपने पति की स्थिति को समझने की कोशिश की। वह वहाँ अकेला था। उसके दिल में प्यार भरा था। ऐको एक बहुत गरीब लड़की थी। ऐसे हालात में एक स्त्री और पुरुष का एक दूसरे के नज़दीक आना स्वाभाविक था। और Carl ने कोई शर्मनाक काम नहीं किया। एक जवान नौकरानी का नाज़ायज़ फायदा उठाने की बजाय उसने तलाक का रास्ता अपनाया। ऐको उन्नीस साल की थी और Edith अड़तालीस साल की। Edith ने Carl को लिखा कि वह कभी–कभी पत्र लिखकर अपना हाल–चाल बताता रहे।

एक दिन Carl का पत्र आया कि उसको और ऐको को बच्चे का इंतज़ार है। सन् 1951 में पुत्री का जन्म हुआ और उसका नाम मारी रखा गया। फिर 1953 में एक और पुत्री पैदा हुई। उसका नाम हैलन रखा गया। Edith ने उन नन्हीं लड़कियों के लिए उपहार भेजे। Carl और Edith का आपस में पत्र व्यवहार चलता रहा।

Edith को अपने जीवन में कोई रुचि नहीं रह गई थी। वह केवल जी रही थी। वह एक फैक्टरी में काम करके अपनी जीविका कमा रही थी। उसे आशा थी कि एक दिन Carl वापिस उसके पास आएगा।

एक दिन उसे पत्र आया कि फेफड़ों के कैंसर के कारण Carl की हालत नाज़ुक थी। उसके बचने की कोई उम्मीद नहीं थी। उसके बाद के

अंतिम पत्रों में Carl ने लिखा था कि उसे बहुत डर लग रहा था। अपने लिए नहीं, बल्कि ऐको और दो नन्हीं बच्चियों के लिए। उनका क्या होगा? उसकी सारी बचत अस्पताल के बिल चुकाने में खर्च हो गई थी। वह कंगाल होकर मरेगा।

कुछ फैसला लेने के लिए Edith को बहुत सोच-विचार करना पड़ा। वह Carl से प्रेम करती थी। उस प्रेम की खातिर वह क्या नहीं कर सकती थी? उसने Carl को लिखा कि अगर ऐको सहमत हो तो वह मारी और हैलन को गोद लेने को तैयार है। Edith जानती थी कि चौवन साल की आयु में दो छोटे बच्चों की माँ बनना काफी मुश्किल होगा, लेकिन उसने सोचा, "Carl के लिए मैं यह करूँगी।"

Carl की मृत्यु हो गई। Edith मारी और हैलन की देखभाल में लग गई। दो और पेट भरने के लिए, वह ज़्यादा मेहनत करने लगी, ताकि कुछ ज़्यादा कमा सके। वह बीमार हो गई लेकिन इस डर से कि उसका एक दिन का वेतन कट जाएगा, वह काम करती रही। एक दिन फैक्टरी में वह बेहोश हो गई। उसे निमोनिया हो गया था, जिसके कारण उसे दो हफ्ते के लिए अस्पताल में रहना पड़ा। अस्पताल के बिस्तर पर लेटे-लेटे भी वह कभी-कभी ऐको के बारे में सोचती कि वह अपनी बच्चियों से दूर है, पति मर गया, वह कितना अकेलापन महसूस करती होगी। पता नहीं उसका क्या हाल है?

Edith ने क्षमाशीलता के पथ पर आखिरी कदम बढ़ाया। उसने सोचा माँ को आकर अपने बच्चों के साथ रहना चाहिए। लेकिन देश बदलने में समस्या थी। ऐको जापानी नागरिक थी। जो लोग अमरीका आना चाहते थे, उनकी लम्बी लिस्ट थी। ऐको की बारी आने में कई साल लगने वाले थे।

143

Edith ने एक समाचार-पत्र के संपादक को सारी बात लिखी जिसने अपने समाचार-पत्र में छपवा दी। लोगों ने इसके बारे में आवाज़ उठाई। कांग्रेस ने तुरंत एक विशेष बिल पास किया और अगस्त 1957 में ऐको को अमरीका आने की अनुमति मिल गई।

न्यू यार्क के अन्तर्राष्ट्रीय हवाई अड्डे पर जब हवाई जहाज़ पहुँचा तो Edith को एक क्षण के लिए डर लगा। कहीं ऐसा न हो कि Carl को उससे जुदा करने वाली ऐको से वह घृणा करने लगे। जहाज़ से उतरने वालों में ऐको अंतिम यात्री थी। वह सीढ़ियों से नीचे नहीं उतरी, बल्कि रेलिंग को पकड़कर वहीं खड़ी हो गई। Edith समझ गई कि ऐको सहमी हुई है। Edith ने बड़ी हिम्मत जुटाकर ऐको का नाम पुकारा और वह जल्दी-जल्दी सीढ़ियाँ उतरकर Edith की बाँहों में समा गई। जब वे दोनों एक दूसरे के गले मिल रही थीं, तो उस क्षण Edith ने प्रार्थना की, "हे ईश्वर, मुझे शक्ति दो कि इस युवती को मैं प्यार करूँ। इसे ऐसा मानूँ कि यह Carl का ही एक हिस्सा घर आया है। मैंने प्रार्थना की थी कि वह वापिस आ जाए। अब वह अपनी दो छोटी-छोटी बेटियों और इस युवती के रूप में आया है। इस युवती से वह बहुत प्रेम करता था। हे ईश्वर, मैं ऐसा ही सोचूँ। मेरी मदद करना।"

एक आसान से सवाल के साथ मैं कहानी खत्म करता हूँ-प्यारे भाइयो और बहनो, क्या आप भी उतना प्रेम कर सकते जितना Edith ने किया?

मरने से पहले, Edith वही वाक्य दोहराती थी जो वह Carl के साथ रहते हुए दोहराती थी, "मैं शहर की सबसे खुशकिस्मत स्त्री हूँ।"

क्षमाशीलता, निर्बलों का बल है और बलवानों का आभूषण।

चाणक्य

www.ingramcontent.com/pod-product-compliance
Lightning Source LLC
Chambersburg PA
CBHW030939090426
42737CB00007B/480
* 9 7 8 9 3 8 0 7 4 3 8 6 8 *